Leistungsbild und Honorierung

Nr. 15

Leistungen nach der Baustellenverordnung

Stand: Juni 2022

erarbeitet von der
AHO-Fachkommission „Baustellenverordnung"

3., vollständig überarbeitete Auflage

Ausschuss der Verbände und Kammern
der Ingenieure und Architekten
für die Honorarordnung e.V.

Kooperationspartner des
Bundesanzeiger Verlages

Bibliografische Information der Deutschen Bibliothek
Die Deutsche Bibliothek verzeichnet diese Publikation in der Deutschen Nationalbibliografie; detaillierte bibliografische Daten sind im Internet über: http://dnb.ddb.de abrufbar.

Herausgeber: AHO e.V.
Tauentzienstraße 18
10789 Berlin
Telefon: (030) 31 01 917-0
Telefax: (030) 31 01 917-11
E-Mail: aho@aho.de

Redaktionelle Bearbeitung: AHO-Fachkommission „Baustellenverordnung"

Dieses Heft erscheint im Rahmen der AHO-Schriftenreihe. Alle Hefte der AHO-Schriftenreihe erscheinen als unverbindliche Praxishilfen zur Leistungsbeschreibung und Honorarkalkulation. Die Inhalte dienen der Orientierung und entfalten keinerlei rechtliche Bindungswirkung. Die geschuldeten Planungsleistungen und deren Honorierung bestimmen sich ausschließlich nach der vertraglichen Vereinbarung im Einzelfall.

ISBN 978-3-8462-1401-5
3., vollständig überarbeitete Auflage Juni 2022

Printed in Germany

Mitglieder der AHO-Fachkommission „Baustellenverordnung"

Univ.-Prof. Dr.-Ing. Manfred Helmus, Wuppertal, Leiter der AHO-Fachkommission

Dipl.-Ing. (FH) Michael Balk, Hamburg

Dipl.-Ing. (FH) Stefan Deschermeier, Garching

Dr.-Ing. Franz Josef Follmann, Wuppertal

RA Ronny Herholz, Geschäftsführer des AHO e.V., Berlin

Dipl.-Ing. Ingolf Kluge, Offenbach

Dipl.-Ing. (FH) Christel Scheyk, München

Dipl.-Ing. (FH) Rudolf Thorwarth, Karlsruhe

Dipl.-Ing. Konrad Zieglowski, Renningen

In Zusammenarbeit mit den folgenden Kammern und Verbänden

IngKBW – Ingenieurkammer Baden-Württemberg

BDK – Bundesverband Deutscher Baukoordinatoren e.V., München

BIngK – Bundesingenieurkammer, Berlin

VSGK – Verband der Sicherheits- und Gesundheitsschutzkoordinatoren Deutschlands e.V., Wuppertal

Allgemeines Vorwort zur AHO-Schriftenreihe

Eine für Auftraggeber und Auftragnehmer transparente und nachvollziehbare Honorarermittlung gibt Orientierung im Vergabeprozess, unterstützt die vertragliche Vereinbarung im Einzelfall und hilft damit nicht zuletzt, zeitaufwendige und kostenträchtige Streitfälle zu vermeiden. Honorare sollten daher systematisiert, nachvollziehbar und möglichst einheitlich ermittelt werden.

Nach dem Wegfall der verbindlichen Mindest- und Höchstsätze infolge eines Urteils des Europäischen Gerichtshofes regelt die Honorarordnung für Architekten und Ingenieure (HOAI 2021) auch künftig die Maßstäbe und Grundlagen für die Berechnung von Honoraren für die von der HOAI erfassten Leistungen und bietet weiterhin einen verlässlichen Orientierungsrahmen zur Kalkulation angemessener Honorare im Einzelfall.

Die Bedeutung der vertraglichen Vereinbarung über die zu erbringenden Planungsleistungen und deren Honorierung wird mit der ab 1.1.2021 geltenden HOAI 2021 weiter zunehmen, denn die bisherigen Regelungen zu den verbindlichen Mindest- und Höchstsätzen werden durch den Grundsatz ersetzt, dass sich das Honorar nach der Vereinbarung der Parteien richtet.

Diese Honorarvereinbarung muss nicht – wie bisher – schriftlich zum Zeitpunkt der Auftragserteilung geschlossen werden, um wirksam zu sein. Künftig ist es ausreichend, wenn diese Vereinbarung in Textform (z.B. per E-Mail) erfolgt. Sofern die Parteien keine Vereinbarung in Textform geschlossen haben, gilt der „Basishonorarsatz" als vereinbart, der anstelle des bisherigen Mindestsatzes eingeführt wurde und diesem entspricht. Diese Regelung übernimmt damit die Wertung des § 7 Abs. 5 HOAI 2013, ist aber im Gegensatz zu dieser als widerlegliche Vermutung ausgestaltet. Entsprechend einer Forderung des Berufsstandes der Architekten- und Ingenieure wurden die Fachplanungsleistungen der Anlage 1 Bauphysik, Geotechnik, Ingenieurvermessung sowie Umweltverträglichkeitsstudie den Grundleistungen der HOAI gleichgestellt. Das bedeutet, dass für diese Leistungen alle Allgemeinen Vorschriften (Teil 1 HOAI) uneingeschränkt anwendbar sind, beispielsweise die Vorschriften zur Honorarermittlung, aber auch die Regelung in § 7 Abs. 1 HOAI über die Anwendung des Basishonorarsatzes, sofern keine Vereinbarung über die Höhe der Vergütung getroffen wurde.

Aber auch für Besondere Leistungen sowie Planungsleistungen, die nicht in der HOAI geregelt sind, besteht ein großes praktisches Bedürfnis an Empfehlungen zur systematischen Honorarermittlung. Der AHO hat es sich mit seinen mehr als 24 Fachkommissionen und Arbeitskreisen zur Aufgabe gemacht, diese Lücke zu füllen. Seit 1987 werden die Beratungsergebnisse der mit Ingenieuren, Architekten und Stadtplanern interdisziplinär besetzten Arbeitsgremien in der „Grünen Schriftenreihe" veröffentlicht und erfreuen sich zunehmender Nachfrage, nicht zuletzt, weil die Spezialisierung der Planung angesichts zunehmender Komplexität stetig steigt.

Im Gegensatz zu den Grundleistungen gemäß § 3 Abs. 1 HOAI, die in den einzelnen Leistungsbildern abschließend erfasst und deren Bewertungen in die Honorartafeln der HOAI eingeflossen sind, werden Besondere Leistungen in der HOAI zwar beispielhaft aufgeführt, jedoch weder näher definiert noch bewertet. § 3 Abs. 2 HOAI enthält lediglich den Hinweis, dass die Aufzählung der Besonderen Leistungen in der HOAI nicht abschließend ist.

Dementsprechend beinhaltet die AHO-Schriftenreihe z.B. Leistungsbilder und Honorierungsempfehlungen für Leistungen des Brandschutzes, der Baulogistik oder der Verkehrsplanung.

Die Honorare für Besondere Leistungen können frei und formlos vereinbart werden. Besondere Leistungen können auch in anderen als den angeführten Leistungsbildern oder Leistungsphasen vereinbart werden, soweit sie dort keine Grundleistungen darstellen. In der AHO-Schriftenreihe werden Besondere Leistungen als Anwendungshilfe für Auftragnehmer und Auftraggeber in dem jeweiligen Einzelfall praxisnah beschrieben und regelmäßig aktualisiert. Diesen Leistungen werden, soweit dies möglich ist, unverbindliche Vorschläge zur Honorarkalkulation und Orientierung gegenübergestellt. Diese entfalten keinerlei rechtliche Bindungswirkung. Die geschuldeten Planungsleistungen und deren Honorierung bestimmen sich ausschließlich nach der vertraglichen Vereinbarung im Einzelfall.

Vorwort

Mit der vorliegenden Veröffentlichung präsentiert die AHO-Fachkommission „Baustellenverordnung" die dritte überarbeitete Auflage der Ergebnisse ihrer Untersuchungen zum Leistungsbild und zur Honorierung für den Bereich der Koordination nach BaustellV.

Der Rat der Europäischen Union hat am 24.6.1992 die Richtlinie 92/57/EWG über die auf zeitlich begrenzte oder ortsveränderliche Baustellen anzuwendenden Mindestvorschriften für Sicherheit und Gesundheitsschutz erlassen. Am 10.6.1998 wurde diese Richtlinie in die Verordnung über Sicherheit und Gesundheitsschutz auf Baustellen (Baustellenverordnung – BaustellV) umgesetzt und ist seit Juli 1998 anzuwenden.

Nach Inkrafttreten der Baustellenverordnung bestanden Unklarheiten über Art und Inhalt der zu erbringenden Leistungen sowie über Qualifikation und Honorierung der Koordinatoren[1]. Neben einigen regionalen Veröffentlichungen und Erläuterungen ist das Heft 15 als Praxishilfe zur Honorarermittlung für Leistungen nach der Baustellenverordnung seit dem Erscheinen der ersten Auflage im September 2001 auf reges Interesse gestoßen. Die hiermit vorgelegte dritte Auflage wurde vollständig überarbeitet und den neuen Erkenntnissen aus der Praxis angepasst.

Das Leistungsbild wurde im Hinblick auf Vereinfachung und damit Verbesserung der Anwenderfreundlichkeit vollständig überarbeitet. Hierbei wurden die neuen Begrifflichkeiten des AHO übernommen. Die Grundleistungen heißen in Zukunft Regelleistungen, und die Besonderen Leistungen heißen Optionale Leistungen. Letztere zeigen zusätzliche Unterstützungsmöglichkeiten durch den Koordinator über die Forderungen der BaustellV hinaus für den Bauherrn auf. Auftraggeber und Auftragnehmer müssen sich im Klaren sein, welche Leistungen zu erbringen sind. Darüber hinaus wurden die Leistungen während der Phasen Planung der Ausführung und während der Ausführung des Bauvorhabens neu zugeordnet.

Dem in der ersten Auflage beschriebenen Honorarmodell lag eine Umfrage zugrunde, die es ermöglichte, sehr differenziert nach den Teilleistungen den Mindestaufwand zu bewerten und in eine Honorarformel für Grundhonorare in drei unterschiedlichen Gefährdungszonen zu überführen. Besondere Randbedingungen wurden über Zuschlagssätze erfasst. Die Erfahrung der Anwender des Honorarmodells hat gezeigt, dass die Ergebnisse der Umfrage zwar zutreffend waren, aber häufig nicht die Praxis der Honorierung widerspiegelten. Zusätzlich hat sich das bisherige Konzept zur Honorierung in der täglichen Praxis als zu komplex herausgestellt.

Die letzten Umfragen zur Honorarsituation bei Koordinatoren und deren wissenschaftliche Auswertung haben gezeigt, dass neben den anrechenbaren Kosten auch die Bauzeit eine wesentliche Rolle bei der Ermittlung des Aufwands für die Leistungen nach der Baustellenverordnung spielt. Ferner besteht ein Mindestaufwand in der Planungsphase, der in jedem Fall anfällt. Da offensichtlich einige aufwandsbestimmende Faktoren mit der Bauzeit korrelieren, wurden die oben genannten Parameter bei der Überarbeitung der Honorarformel dahingehend berücksichtigt, dass die Neufassung des Honorarmodells nur noch eine Honorarformel enthält, die lediglich Zuschläge für Bauen im Bestand und Antreffen von

1 Aus Gründen der leichteren Lesbarkeit wird in dem vorliegenden AHO-Heft die gewohnte männliche Sprachform bei personenbezogenen Substantiven und Pronomen verwendet. Dies impliziert jedoch keine Benachteiligung des weiblichen Geschlechts, sondern soll der sprachlichen Vereinfachung halber als geschlechtsneutral zu verstehen sein.

Kontaminationen vorsieht. In der nun vorliegenden dritten Auflage wurden die Grundlagen der Honorarermittlung (die Berechnungsformel und die Honorartabelle sowie deren Erläuterung) in den Anhang des Hefts verlegt. Um die Anwendbarkeit eindeutiger und benutzerfreundlicher zu gestalten, ist in der dritten Auflage eine Excel-Tabelle enthalten, die eine einfache und eindeutige Ermittlung des Honorars unter Berücksichtigung aller Randbedingungen ermöglicht.

Diese Veröffentlichung soll die erforderliche Qualität bei Leistungen nach der Baustellenverordnung gewährleisten durch ein Leistungsbild, das den Stand der Technik widerspiegelt, und ein Honorarmodell, das praxisgerecht und einfach anwendbar ist. Die vorliegende Praxishilfe ist beim AHO in Zusammenarbeit mit den Kammern und Verbänden der Architekten und Ingenieure erarbeitet worden und wird von diesen vorbehaltlos unterstützt. Für Anregungen und konstruktive Kritik sind der AHO und die Mitglieder der Fachkommission stets aufgeschlossen und dankbar.

Berlin, im Juni 2022

Univ.-Prof. Dr.-Ing. Manfred Helmus

– Leiter der AHO-Fachkommission „Baustellenverordnung" –

Inhaltsverzeichnis

1 Einleitung

Die Baustellenverordnung wendet sich insbesondere an den Bauherrn und überträgt ihm die Pflicht zur Planung und Koordination von Sicherheit und Gesundheitsschutz in der Planung und Ausführung von Bauvorhaben sowie bei späteren Arbeiten an der baulichen Anlage. Die folgenden Ausführungen sollen dabei unterstützen, dass die in der Verordnung geforderten Leistungen wirksam umgesetzt und angemessen vergütet werden. Zusätzlich bietet das vorliegende Heft einen Beitrag für die Ermittlung von Kosten der Planungs- und Koordinationsleistungen für Sicherheit und Gesundheitsschutz, die als Baunebenkosten unter den übertragenen Bauherrenaufgaben in der Kostengruppe 714 nach DIN 276 zu berücksichtigen sind.

Bauherren sind für die Koordination auf die Fachkunde und Erfahrung geeigneter Koordinatoren angewiesen. sofern sie nicht in eigener Verantwortung die geforderten Leistungen erbringen. Für die Beauftragung von Koordinatoren enthält diese Praxishilfe Ausführungen zu folgenden Themen:

- Leistungsbild in der Planungsphase
- Leistungsbild in der Ausführungsphase
- Erläuterungen zum Leistungsbild
- Tabelle als Grundlage für die Kalkulation und für die Vertragsgestaltung

Ergänzend dazu befinden sich im Anhang Begriffe und Erläuterungen zur Vergütungsempfehlung:

- Grundlagen der Honorierung
- Anrechenbare Kosten
- Honorarformel und Honorartabelle
- Zuschläge, Nebenkosten und Zeithonorar

In der Planungsphase werden die Weichen dafür gestellt, wie die Bauausführung abläuft und welche späteren Arbeiten an der baulichen Anlage auszuführen sind. Die frühzeitige Planung von Arbeitssicherheit und Gesundheitsschutz ist von erheblicher Bedeutung für den Projekterfolg, weil Koordinatoren ihr Fachwissen bei der Gestaltung der Bauabläufe und bei der Planung der mit dem Betrieb verbundenen Wartungs- und Instandsetzungsarbeiten einbringen. Im SiGe-Plan und der Unterlage für spätere Arbeiten sollen die Ergebnisse so dokumentiert werden, dass diese als Arbeitshilfen für den Bauherrn/Betreiber, seine Planer und die ausführenden Firmen dienen. In der Ausführungsphase wirkt der Koordinator darauf hin, dass die Arbeiten so aufeinander abgestimmt werden, dass die Betriebssicherheit der Baustelle hergestellt und aufrechterhalten wird sowie gegenseitige Gefährdungen möglichst ausgeschlossen werden.

Der rechtzeitig in der Planung beauftragte Koordinator unterstützt den Bauherrn und die anderen Baubeteiligten, ist jedoch nicht Vollzugsorgan der Unfallversicherungsträger oder der staatlichen Aufsichtsbehörden und ersetzt nicht den betrieblichen Arbeitsschutz der beauftragten Arbeitgeber auf der Baustelle. Der Schwerpunkt der Tätigkeit des Koordinators liegt in der frühzeitigen sicherheitstechnischen Koordination der Abläufe unter

Berücksichtigung der allgemeinen Grundsätze des Arbeitsschutzes. Dies beinhaltet nicht die Überwachung der Erfüllung von Arbeitsschutzpflichten der einzelnen Unternehmer.

Die vollständige Bearbeitung der Regelleistungen obliegt dem Bauherrn. Sofern er dazu nicht selbst in der Lage ist, muss er einen für die besonderen Belange der Baumaßnahme geeigneten Koordinator bestellen, mit dem Ziel, ihn als Sonderfachmann effizient in das Team der am Bau Beteiligten einzubinden. Das Leistungsbild und die angeschlossenen Erläuterungen berücksichtigen die Anforderungen der Regeln für Arbeitsschutz auf Baustellen (RAB) und die umfangreichen und langjährigen Erfahrungen der Fachkommissionsmitglieder.

Im Leistungsbild wird der erforderliche Planungs- und Koordinationsumfang durch die Regelleistungen beschrieben. Für die Honorierung der Regelleistungen hat die Fachkommission ein Modell entwickelt, das auf den anrechenbaren Kosten nach DIN 276 (Kostengruppen 200 bis 500) und der Bauzeit basiert. Erstellt wurde eine Formel für eine Honorarkurve, die ebenfalls in eine Tabelle umgesetzt wurde und über viele Bereiche des Bauwesens anwendbar ist. Der Kurvenverlauf entsteht durch eine zweiteilige Formel. Im ersten Teil wird das Honorar in der Planungsphase unabhängig von der Bauzeit ermittelt. Der zweite Teil der Formel beinhaltet das Honorar in der Ausführungsphase. Hierbei fließt abweichend von der früheren Veröffentlichung die Bauzeit mit ein. Aus den beiden Elementen ergibt sich das Mindesthonorar.

Dem erhöhten Aufwand beim Bauen im Bestand, bei dem die Leistungen nach Baustellenverordnung bei komplexen Randbedingungen sehr intensiv und in einer kurzen Umbau-/ Sanierungszeit zu erbringen sind, wird durch die Festlegung eines Zuschlags von 30 % auf das Grundhonorar Rechnung getragen.

Optionale Leistungen werden entweder über Zeithonorar oder über Pauschalen vergütet. Pauschalen sollten individuell auf Grundlage einer stundenbasierten Kalkulation ermittelt werden. Für die Ermittlung des Zeithonorars wird im Anhang ein Vorschlag unterbereitet.

Die zu berücksichtigenden Nebenkosten werden definiert und hinsichtlich der Abrechnung erläutert.

Grundsätzlich sollte neben der Anwendung der vorliegenden Honorarempfehlung jeder Anbieter von Leistungen nach BaustellV auf der Grundlage seiner individuellen Kostensituation und Erfahrungswerte eine stundenbasierte Kalkulation zur Ermittlung des zu erwartenden Aufwandes durchführen. Diese Kalkulation sollte genutzt werden, um die Ergebnisse der Honorarempfehlungen zu verifizieren.

Die Fachkommission empfiehlt, die Details zum Leistungsumfang und zur Honorierung in einem Vertrag zu regeln.

2 Grundlagen und Definitionen

Fachliche Grundlage der vorliegenden Schrift sind die Baustellenverordnung, die Regeln für Arbeitsschutz auf Baustellen sowie die Erfahrungen aus deren Umsetzung über mehrere Jahrzehnte, bei denen Begriffe geprägt wurden, die nicht allgemeinverständlich sind und deshalb einer Erläuterung bedürfen.

Mit Einführung der Baustellenverordnung im Jahr 1998 wurde der Begriff **SiGe-Koordinator** geprägt und hat seitdem zunehmend an Bedeutung gewonnen. Gemeint ist hier der „**Koordinator gemäß Baustellenverordnung** (BaustellV)", der häufig als Sicherheits- und Gesundheitsschutzkoordinator oder kurz **SiGeKo** bezeichnet wird, obwohl dieser Begriff weder in der Verordnung enthalten ist, noch dessen Tätigkeit korrekt wiedergibt. Auch wenn die Definition nicht eindeutig belegt ist, spiegelt sie doch den Sprachgebrauch in der Praxis wider. Mit der Wahl des Begriffs SiGe-Koordinator, der in dieser Schrift verwendet wird, soll einerseits der Praxisbezug unterstrichen und andererseits eine Abgrenzung sowohl der unterschiedlichen Aufgaben als auch der rechtlichen Stellung des Koordinators gemäß BaustellV von Koordinatoren gemäß anderer Rechtsvorschriften vorgenommen werden. Dabei soll insbesondere die koordinierende Funktion unterstrichen werden.

Regelleistungen sind jene Leistungen, die gemäß BaustellV im Allgemeinen zu erbringen sind. Detaillierter werden diese in der RAB 30 im Kapitel 3 „Aufgaben des Koordinators" beschrieben. Besondere Erschwernisse wie z.B. Bauen im Bestand, Berücksichtigung von Kontaminationen usw. bedeuten einen erhöhten Aufwand des Koordinators, der über Zuschläge zum Grundhonorar oder gesonderte Auftragspositionen zu berücksichtigen ist.

Regelleistungen im Bedarfsfall treten auf, wenn es die Projektbedingungen erfordern (z.B. Anpassen des SiGe-Plans). In diesem Fall sind sie durch den SiGe-Koordinator zu erbringen. Da diese Leistung wegen ihres optionalen Charakters nicht mit dem Grundhonorar abgedeckt werden kann, ist sie separat zu vergüten.

Optionale Leistungen sind solche, die nach BaustellV bzw. RAB 30 nicht explizit gefordert sind, zu deren Bearbeitung SiGe-Koordinatoren jedoch häufig in der Lage sind. Diese müssen gesondert beauftragt und vergütet werden.

Der **Sicherheits- und Gesundheitsschutzplan (SiGe-Plan)** soll alle für die Koordination erforderlichen geplanten Maßnahmen und Einrichtungen darstellen, die der Sicherheit und dem Gesundheitsschutz der auf einer Baustelle beschäftigten Personen dienen. Dies ist umso wichtiger und sinnvoller, je komplexer ein Bauprojekt ist. „Der SiGe-Plan sollte bereits in der Planungsphase erstellt werden und somit rechtzeitig vorliegen. Gemäß RAB 31 Nr. 3.1.2 (2003) sollten die relevanten Inhalte den Unternehmen bereits vor der Vergabe der Bauleistungen zur Verfügung stehen. Die RAB 31 legt Mindestanforderungen für Form und Inhalt eines SiGe-Plans fest. Diese gehen z.T. über die in der BaustellV formulierten Vorgaben hinaus und ergeben sich letztendlich stets aus den konkret erkannten bzw. auf der jeweiligen Baustelle zu erwartenden Gefährdungen."[1]

Die Erstellung der **„Unterlage für spätere Arbeiten an der baulichen Anlage"** wird im § 3 der BaustellV im Zuge der Planungsphase, also vor Aufnahme von Bautätigkeiten, verlangt. Diese Unterlage soll Aspekte für die sichere Durchführung von regelmäßig durchzuführenden Arbeiten während der gesamten Nutzungsdauer der baulichen Anlage

1 Kring/Follmann/Meyer/Dudek, 2020, S. 122.

als Planungsaufgabe berücksichtigen. Inhalte hierzu werden in der RAB 32 (Stand 2003) konkretisiert. Die Unterlage stellt zusätzliche Informationen für das Facility-Management zur Verfügung und ist dem Stand der Technik anzupassen.

Der **Bauherr** gilt als **Normadressat** der BaustellV und trägt deshalb die **Gesamtverantwortung** für die umfängliche Erfüllung der Aufgaben in der Planungs- und Ausführungsphase der Baumaßnahme (vgl. RAB 30, § 3.1 und 3.2) entsprechend den Kriterien der § 2 und § 3 der BaustellV.

Dem Bauherrn obliegen unabhängig von Leistungsvergaben folgende unmittelbar aus der BaustellV resultierende Verantwortlichkeiten:

- Vorankündigung
- Bestellung von geeigneten Koordinatoren
- Veranlassung zur Erstellung des SiGe-Plans
- Veranlassung zur Erstellung der Unterlage für spätere Arbeiten

Der Bauherr darf die von ihm geforderten Leistungen nach BaustellV einem nach § 4 BaustellV **„Beauftragten Dritten"** übertragen, der diese Maßnahmen in eigener Verantwortung vertritt. „Beauftragte Dritte" können sowohl juristische, als auch natürliche Personen sein. Der „Beauftragte Dritte" darf, wie der Bauherr, die Funktion des „Koordinators nach BaustellV" übernehmen. Der Bauherr wird durch die Beauftragung nicht von seiner umfassenden Organisationsverantwortung entbunden. Über die mit der Übertragung verbundenen Randbedingungen sind vertragliche Regelungen zu treffen. Die Beauftragung soll schriftlich erfolgen.

Weitere Informationen zu diesem Thema finden Sie im Merkblatt des VSGK e.V. und BDK e.V., das Sie unter www.aho.de/publication/heft-15/ abrufen können.

3 Leistungsbild Koordination nach BaustellV

Grundlage eines Ingenieur-Vertrages und der damit verbundenen angemessenen Honorierung ist ein exakt definiertes Leistungsbild. Das gilt gleichermaßen für die zu erbringenden Aufgaben des Koordinators nach Baustellenverordnung.

Das nachfolgend dargestellte Leistungsbild muss zwingend im Zusammenhang mit den in Kapitel 4 dargestellten Erläuterungen verstanden werden. Abbildung 1 zeigt die Leistungsarten und Phasen nach denen das Leistungsbild untergliedert ist.

Hier wird in Anlehnung an die HOAI auf der ersten Zwischenebene unterschieden zwischen Regelleistungen und Optionalen Leistungen Das Honorarmodell bezieht in die Berechnungsformel nur Regelleistungen (Mindestleistungen zur Erfüllung der BaustellV) ein. Optionale Leistungen sind separat zu vergüten. Dies gilt auch für Regelleistungen im Bedarfsfall.

Derartige Anforderungen (wie z.B. das Fortschreiben des SiGe-Plans), die nicht immer auftreten, aber, wenn sie erforderlich werden, auch zu den Mindestleistungen des Koordinators gehören, werden als „Regelleistungen im Bedarfsfall" definiert. Inhaltlich gehören diese damit zu den Regelleistungen, vergütungstechnisch stellen sie jedoch Optionale Leistungen dar.

Darüber hinaus wird noch eine Auswahl von zusätzlichen Optionalen Leistungen aufgeführt, die Koordinatoren zumeist aufgrund ihrer Qualifikation erbringen können, die aber über die Anforderungen der BaustellV hinausgehen.

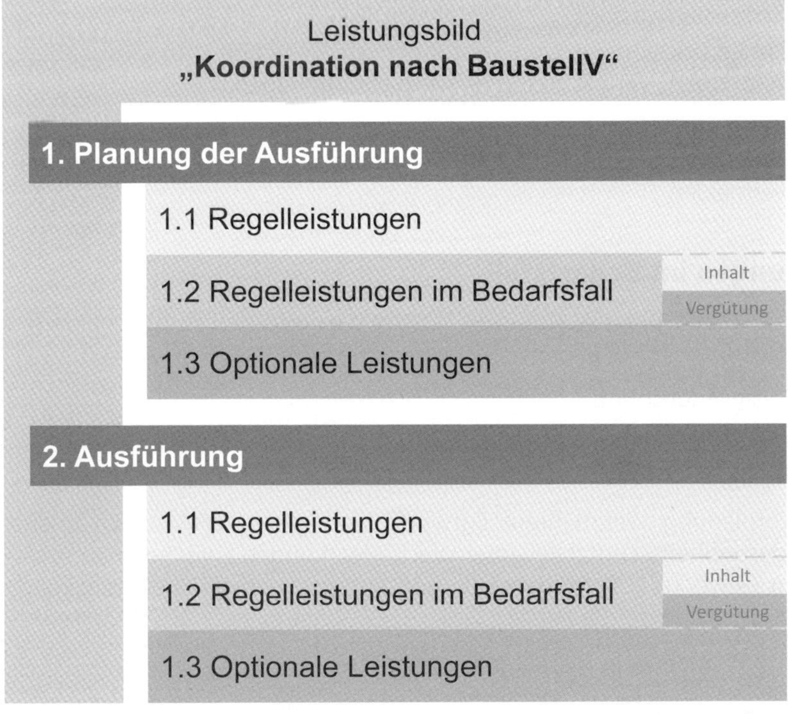

Abbildung 1: Gliederung des Leistungsbildes „Koordination nach BaustellV" nach Phasen und Leistungsarten

Für den Rahmen, in den das Leistungsbild des Koordinators eingebettet wird, ist im Vorfeld zu klären, ob es einen **verantwortlichen Dritten** im Sinne von § 4 BaustellV gibt und ob der Koordinator die Funktion wahrnehmen soll. Eine generelle **Weisungsbefugnis** des Koordinators ist in der BaustellV nicht vorgesehen. Sollte diese gewünscht sein, muss sie detailliert beschrieben, vertraglich geregelt und zusätzlich vergütet werden.

3.1 Leistungen während der Planung der Ausführung

3.1.1 Regelleistungen

a) Koordinierung der Maßnahmen aus den allgemeinen Grundsätzen nach § 4 Arbeitsschutzgesetz (ArbSchG) bei der Planung der Ausführung

b) Feststellen sicherheits- und gesundheitsschutzrelevanter Wechselwirkungen zwischen den Arbeiten der einzelnen Gewerke auf der Baustelle und anderen betrieblichen Tätigkeiten oder Einflüssen auf oder in der Nähe der Baustelle

c) Aufzeigen von Möglichkeiten zur Vermeidung von Sicherheits- und Gesundheitsrisiken

d) SiGe-Plan ausarbeiten oder ausarbeiten lassen

e) Beraten bei der Planung der Baustelleneinrichtung

f) Beraten bei der Planung bleibender sicherheitstechnischer Einrichtungen für mögliche spätere Arbeiten an der baulichen Anlage und Zusammenstellen der Unterlage mit den erforderlichen Angaben für die sichere und gesundheitsgerechte Durchführung dieser Arbeiten

g) Hinwirken auf das Berücksichtigen von Leistungen zu Sicherheit und Gesundheitsschutz in Ausschreibungen, Vergabe- und Bauvertragsunterlagen

h) Beraten bei der Terminplanung, insbesondere bei der Abstimmung von Bauausführungszeiten, um Gefahren, die durch ein zeitliches Nebeneinander hervorgerufen werden können, zu vermeiden

3.1.2 Regelleistungen im Bedarfsfall

a) SiGe-Plan an den Planungsprozess anpassen, soweit dies erforderlich ist (analog § 3 Abs. 3 Nr. 3 BaustellV)

b) Erstellen einer Baustellenordnung

c) Mitwirken beim Erstellen der Vorankündigung und deren Übermittlung an die nach Landesrecht zuständige Behörde

d) Analysieren der Vorplanung oder mehrerer Entwurfsplanungen und Feststellen arbeitssicherheits- und gesundheitsschutzrelevanter Wechselwirkungen zwischen den Arbeiten der einzelnen Gewerke auf der Baustelle und anderen betrieblichen Tätigkeiten oder Einflüssen in der Nähe der Baustelle

e) Abstimmen beim Vorhandensein mehrerer Koordinatoren

f) Anpassen der Unterlage bei erheblichen Planungsänderungen

g) Mitwirken bei der Arbeitsgestaltung in besonderen Gefahrenlagen

3.1.3 Optionale Leistungen

a) Erstellen eines Baustelleneinrichtungsplans

b) Mitwirkung bei Erstellung der Baubeschreibung und Vergabeunterlagen

c) Mitwirken bei der Prüfung der Angebote und der Vergabe

d) Entwickeln von Konzepten und Organisieren von Maßnahmen zu Sicherheitsfragen im Sinne von Security

e) Beraten zu notwendigen verkehrssichernden Maßnahmen des Bauherrn oder der ausführenden Firmen (im Sinne von § 823 Abs. 1 BGB)

f) Beraten bei oder Erstellen von Verkehrslenkungsplänen

g) Einholen von straßenverkehrsrechtlichen Anordnungen

h) Überprüfen von Angeboten in sicherheitstechnischer Hinsicht (z.B. bei Funktionalausschreibung, Alternativangeboten oder Sondervorschlägen)

i) Kostenanalysen zu technischen oder organisatorischen Maßnahmen für Arbeitssicherheit und Gesundheitsschutz

j) Beraten bei oder Erstellung einer Brandschutz-, Flucht- und Rettungswege-Planung und/oder Rettungskonzept für die Ausführung der Arbeiten

3.2 Leistungen während der Ausführung des Bauvorhabens

3.2.1 Regelleistungen

a) Bekanntmachen, Anpassen und Fortschreiben des SiGe-Plans sowie Hinwirken auf seine Einhaltung und auf die Umsetzung der erforderlichen Arbeitsschutzmaßnahmen durch die beteiligten Unternehmen

b) Information und eingehende Erläuterung der Maßnahmen für Sicherheit und Gesundheitsschutz gegenüber allen Auftragnehmern (einschließlich der Nachunternehmer und der Unternehmer ohne Beschäftigte)

c) Organisieren des Zusammenwirkens der bauausführenden Unternehmen hinsichtlich Sicherheit und Gesundheitsschutz (vgl. § 3 Abs. 3 Nr. 4 BaustellV), z.B. durch Sicherheitsbesprechungen und -begehungen (in einem festzulegenden angemessenen Turnus) mit Dokumentation und Auswerten der Ergebnisse

d) Koordinieren der Überwachung der ordnungsgemäßen Anwendung der Arbeitsverfahren durch die Arbeitgeber, z.B. durch Einfordern von Nachweisen (vgl. § 3 Abs. 3 Nr. 5 BaustellV)

e) Berücksichtigung sicherheits- und gesundheitsschutzrelevanter Wechselwirkungen zwischen Arbeiten auf der Baustelle und anderen betrieblichen Tätigkeiten oder Einflüssen auf oder in der Nähe der Baustelle

f) Koordinieren der Anwendung der allgemeinen Grundsätze nach § 4 Arbeitsschutzgesetz (ArbSchG)

3.2.2 Regelleistungen im Bedarfsfall

a) Aushängen und Anpassen der Vorankündigung

b) Hinwirken auf die Einhaltung einer Baustellenordnung und eines Baustelleneinrichtungsplans (soweit diese vorhanden sind) hinsichtlich der Vermeidung gegenseitiger Gefährdungen

c) Bei getrennten Auftragnehmern für Planungs- und Ausführungsphase: Sichten und Einarbeiten in den SiGe-Plan und die Unterlagen aus der Planungsphase

d) Anpassen des SiGe-Plans bei erheblichen Änderungen der Planung, des Bauverfahrens oder des Bauablaufs

e) Zusätzliche Koordinationsleistung bei Planungsänderungen, erheblichen Störungen des Bauablaufes oder Bauzeitenverlängerung

3.2.3 Optionale Leistungen

a) Einteilung der Arbeiten/Vorgabe von Arbeitsabläufen

b) Erfassen verbauter Materialien und eingesetzter Substanzen sowie deren aktueller Verarbeitungs-, Entsorgungs- und Warnhinweise, z.B. in Unterlage für spätere Arbeiten

c) Mitwirken bei formalen Arbeitsfreigaben

d) Regelmäßige Teilnahme an allgemeinen Bau-/Projektbesprechungen

e) Anpassen der Unterlage bei Abweichung der Ausführung vom Planungsstand der Unterlage

4 Erläuterungen zum Leistungsbild

Bei der Zusammenstellung des Leistungsbildes ist darauf geachtet worden, einerseits alle nach Baustellenverordnung geforderten Maßnahmen in ihrer Komplexität umfassend darzustellen und andererseits den Interpretationsspielraum des knapp gehaltenen Gesetzestextes getrennt zu betrachten. Berücksichtigt wurden außerdem die in den Regeln zum Arbeitsschutz auf Baustellen (RAB) dokumentierten Anforderungen sowie Erkenntnisse aus der Weiterentwicklung von Rechtsvorschriften und Instrumenten zur Koordination.

Organisatorisch und damit leistungsbildübergreifend sind Beauftragungen und Befugnisse zu regeln. Hierzu gehören:

Übernahme der Funktion des Beauftragten Dritten (nach § 4 BaustellV)

„Dritter" im Sinne von § 4 BaustellV ist eine Person, die kraft Vereinbarung Verpflichtungen des Bauherrn gemäß § 2, § 3 Abs. 1 Satz 1 BaustellV eigenverantwortlich übernimmt. Der Dritte tritt damit rechtlich und tatsächlich an die Stelle des Bauherrn und muss alle notwendigen Entscheidungen in alleiniger Verantwortung treffen und alle notwendigen Maßnahmen veranlassen. Er übernimmt damit alle öffentlich-rechtlichen Verpflichtungen und sonstigen zivilrechtlich bedeutsamen Risiken. Die Übernahme der Funktion des „Dritten" ist damit außerordentlich bedeutsam und entsprechend detailliert festzulegen und zu vergüten.

Dritter in diesem Sinne kann eine natürliche Person (z.B. ein Architekt, Ingenieur oder Bauunternehmer) oder eine juristische Person (z.B. ein Planungsbüro als GmbH) sein. Die Beauftragung muss rechtzeitig, spätestens in der Planungsphase erfolgen und schriftlich vereinbart werden. Diese kann sich auf einen Teil der vorgenannten Maßnahmen beziehen. In diesem Fall ist der Bauherr verpflichtet, die verbleibenden Maßnahmen selbst zu treffen. Je nach Umfang der Beauftragung ist er dann von seinen Pflichten nach § 2 und § 3 Abs. 1 Satz 1 befreit. Nicht zulässig ist die nachträgliche pauschale Übertragung aller Pflichten des Bauherrn.

Eine wesentliche Aufgabe des Bauherrn ist es, die Erfüllung der vom Koordinator geforderten Leistungen zu überwachen. Durch die Übertragung der Verpflichtungen des Bauherrn an den SiGe-Koordinator als „Beauftragten Dritten" obliegt dem SiGe-Koordinator die umfängliche Erfüllung in eigener Verantwortung. Demzufolge überwacht sich der SiGe-Koordinator praktisch selbst, wenn ihm die Verpflichtungen des Bauherrn übertragen werden.

Weisungsbefugnis

Die Aufgaben des Koordinators, die sich aus der BaustellV ergeben, werden in den o.g. Regelleistungen beschrieben. In der RAB 30 heißt es einleitend: „Der Koordinator hat im Rahmen seiner in § 3 BaustellV genannten Aufgaben den Bauherrn und die sonstigen am Bau Beteiligten bei ihrer Zusammenarbeit hinsichtlich der Einbindung von Sicherheit und (...) zu unterstützen. Er hat mit seiner Tätigkeit dazu beizutragen, das Bauvorhaben, den Bauablauf und die späteren Arbeiten an der baulichen Anlage zu jeder Zeit sicher zu gestalten."

Wie diese Aufgaben wirksam umgesetzt werden, bleibt dabei zunächst offen. Die in der RAB gewählten Begriffe „unterstützen" und „dazu beitragen, dass" deuten darauf hin, dass der Koordinator eher eine beratende Funktion und nicht die Umsetzungsverantwortung innehat. Der Begriff Weisungsbefugnis wird weder in der BaustellV noch in der RAB genannt.

Generell sei noch darauf hingewiesen, dass bei „Gefahr im Verzug" dem Koordinator wie auch jedem anderen Sachkundigen ein Weisungsrecht zur Abwendung der Gefahr zusteht. Offenbar besteht in der Praxis aber der Bedarf, die vorhandenen Regelungen gelegentlich um eine vertraglich geregelte Weisungsbefugnis zu erweitern. Es ist daher zu klären, welches Ziel eine Weisungsbefugnis hat, welche Auswirkungen sie hat und welche Voraussetzungen zu ihrer Umsetzung erforderlich sind.

Mögliche Ziele einer weitergehenden Weisungsbefugnis können also sein:

- Stärkung der Position des Koordinators durch zusätzliche Befugnisse
- Kürzere Entscheidungswege bei der Realisierung von Schutzmaßnahmen
- Übertragung von Verantwortlichkeiten des Bauherrn auf den Koordinator

Eine Übertragung zusätzlicher Befugnisse auf den Koordinator bedeutet beispielsweise, dass er ohne weitere Abstimmung Sicherheitseinrichtungen auf Kosten des Bauherrn anordnen kann. Wenn Sicherheitsmängel auf der Baustelle auftreten oder gegen den SiGe-Plan oder die Baustellenverordnung verstoßen wird, ist der weisungsbefugte Koordinator berechtigt, die Auftragnehmer bzw. deren Mitarbeiter auf der Baustelle anzuweisen, Maßnahmen zur Mängelbeseitigung durchzuführen. Das heißt, dass der Koordinator in die Arbeitsschutzorganisation der eingesetzten Auftragnehmer eingreifen kann, indem er Maßnahmen veranlasst, für die üblicherweise der Unternehmer zuständig ist. Dies kann so weit gehen, dass Arbeiten untersagt oder Personen der Baustelle verwiesen werden. Die Kompetenz des Koordinators ist an dieser Stelle mit jener des Bauleiters nach der Landesbauordnung vergleichbar. Dies wiederum bedeutet, dass eine ständige Anwesenheit auf der Baustelle erforderlich ist, wenn koordinationsrelevante Tätigkeiten ausgeführt werden und dass eine enge Abstimmung mit der (ebenfalls weisungsbefugten) Bauleitung erfolgen muss.

Zusammenfassend hat die Übertragung der Weisungsbefugnis an den Koordinator folgende Auswirkungen:

- Konsequente und zeitnahe Verfolgung der Mängelbeseitigung
- Recht des Koordinators, in die Arbeitsschutzorganisation der Unternehmer einzugreifen
- Sanktionsmöglichkeiten
- Hohe Baustellenpräsenz des Koordinators
- Überschneidung mit Bauleitungsaufgaben

Die Ausstattung des Koordinators mit Weisungsbefugnis führt mit großer Wahrscheinlichkeit dazu, dass die Koordination effizient durchgeführt und ein hohes Arbeitsschutzniveau auf der Baustelle realisiert werden kann. Damit ist aber untrennbar verbunden, dass der Koordinator die Bauausführung intensiv begleitet. Mit Koordinationsaufträgen, die wöchentliche oder noch seltenere Baustellentermine vorsehen, ist eine Koordination mit Weisungsbefugnis nicht leistbar.

„Der so erweiterte Koordinationsauftrag geht verantwortungsmäßig auch über das hinaus, was die BaustellV vom Koordinator fordert. Insofern sollte der Koordinator vor der

Übernahme der Weisungsbefugnis prüfen, ob diese Leistung auch von seiner Berufs-/ Betriebshaftpflichtversicherung abgedeckt ist. Dies gilt auch für andere ‚Besondere Leistungen', die fachlich über die RAB 30 hinausgehen."[2] In jedem Fall bedeutet die Übernahme der Weisungsbefugnis einen erheblichen Mehraufwand, der durch die mit der Berechnungsformel nach Abschnitt 2 des Anhangs ermittelten Vergütung in keiner Weise abgedeckt ist.

Im Übrigen werden in der vorliegenden Leistungsbeschreibung zum einen Regelleistungen definiert, die in jedem Fall nach BaustellV erbracht werden müssen. Zum anderen werden Optionale Leistungen beschrieben, die für die Koordination hilfreich sein können, aber einen Mehraufwand darstellen, der gesondert zu vergüten ist.

Bei den Regelleistungen wird eine weitere Detaillierung vorgenommen, indem zunächst die beiden Phasen des § 3 der BaustellV beschrieben werden: In Kapitel 3.1.1 die „Planung der Ausführung des Bauvorhabens" sowie in Kapitel 3.2.1 die „Ausführung des Bauvorhabens".

Bei den Optionalen Leistungen ist zu unterscheiden zwischen den Bedarfsleistungen, die nicht immer, bei speziellen Randbedingungen aber in jedem Fall erbracht werden müssen, und Zusatzleistungen, die sich nicht unmittelbar aus der Baustellenverordnung ableiten, aber zusätzlich vereinbart werden können. In beiden Fällen hat der Koordinator gegenüber den immer zu erbringenden Regelleistungen einen Mehraufwand, der gesondert honoriert werden muss.

In allen Leistungsphasen müssen die allgemeinen Grundsätze des § 4 ArbSchG berücksichtigt werden, von denen die ersten fünf im Hinblick auf die SiGe-Planung und -Koordination besonders wichtig sind:

- Die Arbeit ist so zu gestalten, dass eine Gefährdung für Leben und Gesundheit möglichst vermieden und die verbleibende Gefährdung gering gehalten wird.
- Gefahren sind an ihrer Quelle zu bekämpfen.
- Bei den Maßnahmen sind der Stand der Technik, Arbeitsmedizin und Hygiene sowie sonstige gesicherte arbeitswissenschaftliche Erkenntnisse zu berücksichtigen.
- Maßnahmen sind mit dem Ziel zu planen, Technik, Arbeitsorganisation, sonstige Arbeitsbedingungen und Einfluss der Umwelt auf dem Arbeitsplatz sachgerecht zu verknüpfen.
- Individuelle Schutzmaßnahmen sind nachrangig zu anderen Maßnahmen.

Im Hinblick auf die Ausgestaltung dieser Aufgabe wird auf die RAB 33 verwiesen. Durch die Berücksichtigung der Allgemeinen Grundsätze nach § 4 des ArbSchG bei der Planung der Ausführung (in der Planungsphase) entsteht bereits ein erstes Konzept für die sichere und gesundheitsgerechte Gestaltung des späteren Baustellenbetriebs.

2 Kring/Follmann/Meyer/Dudek, 2020, S. 95 f.

4.1 Leistungen während der Planung der Ausführung

Zu den Regelleistungen nach BaustellV sowie möglichen Zusatzleistungen in der Phase der Planung und Vorbereitung der Ausführung sollen in den folgenden Unterkapiteln erläuternde Hinweise die Arbeitsschritte verdeutlichen.

4.1.1 Regelleistungen

a) Koordinierung der Maßnahmen aus den allgemeinen Grundsätzen nach § 4 ArbSchG bei der Planung der Ausführung

Der Koordinator wirkt insbesondere bei der Einteilung der Arbeiten, die gleichzeitig oder nacheinander auf der Baustelle durchgeführt werden, mit. Bei Bedarf wirkt er koordinierend bei der Bemessung der Ausführungszeiten für diese Arbeiten.

Eine Koordination erfolgt bei der Planung des Bauablaufes, der Bauverfahren und Baumethoden, des Baustellenbetriebes und der Baustelleneinrichtung. Sie muss stets zuvorderst nach den Grundsätzen des Arbeitsschutzgesetzes ausgerichtet werden.

b) Feststellen sicherheits- und gesundheitsschutzrelevanter Wechselwirkungen zwischen den Arbeiten der einzelnen Gewerke auf der Baustelle und anderen betrieblichen Tätigkeiten oder Einflüssen auf oder in der Nähe der Baustelle

Insbesondere beim Bauen im Bestand ist im Vorfeld der SiGe-Planung zu untersuchen, ob es Wechselwirkungen zwischen den betrieblichen Tätigkeiten und dem geplanten Baustellenbetrieb gibt. Dies können lärm- oder vibrationsintensive Tätigkeiten, Heißarbeiten, staubende oder auch auf eine andere Art gefährdende Arbeiten sein.

Kenntnisse dieser betrieblichen Abläufe und Anforderungen der Baustelle müssen als Grundlage für die SiGe-Planung beschafft werden. In Zusammenarbeit mit fachkundigen Personen aus Betrieb oder Nachbarschaft kann ein Katalog von Gefährdungsfaktoren entstehen, der bei der Koordination der Baustelle zu berücksichtigen ist.

c) Aufzeigen von Möglichkeiten zur Vermeidung von Sicherheits- und Gesundheitsrisiken

Als Folge der erkannten Gefährdungen aus dem geplanten Baustellenbetrieb zeigt der Koordinator realisierbare Maßnahmen zur Vermeidung oder Minimierung dieser Gefahren auf.

So kann z.B. eine sensible Nutzung des Baustellenumfelds dazu führen, dass lärm- /vibrationsintensive Tätigkeiten nicht oder nur zu bestimmten Zeiten – vielleicht unter bestimmten baulichen Voraussetzungen – ausgeführt werden können, dass Heißarbeiten wegen Brandgefahren in bestimmten Bereichen nicht oder nur auf eine besondere Art und Weise und dass staubende Arbeiten nur unter bestimmten Rahmenbedingungen durchgeführt werden können. Das Aufzeigen dieser Maßnahmen erfordert beim Koordinator viel Erfahrung. Diese Maßnahmen fließen schließlich zusammen mit den Gefährdungen in den SiGe-Plan ein.

d) SiGe-Plan ausarbeiten oder ausarbeiten lassen

Um einen SiGe-Plan erstellen zu können, bedarf es zunächst vorbereitender Schritte. Als erstes erfolgt eine Analyse der gültigen Planung (Bauplanung, Bauablaufplanung) auf Gefährdungen, die durch den voraussichtlichen Bauablauf sowie aus der Umgebung entstehen können. Als Konsequenz daraus werden alle koordinationsrelevanten Gefährdungen ermittelt.

Dabei sind zusätzlich zu den potenziellen Gefährdungen alle arbeitssicherheits- und gesundheitsschutzrelevanten Wechselwirkungen zwischen den Arbeiten der einzelnen Gewerke auf der Baustelle und alle betrieblichen Tätigkeiten oder Einflüsse auf oder in der Nähe der Baustelle zu erfassen.

Im Anschluss daran hat der Koordinator bei der Erarbeitung von Lösungen zur Beseitigung oder zumindest Minimierung der zuvor erfassten Gefährdungen mitzuwirken und unter Berücksichtigung der allgemeinen Grundsätze nach § 4 ArbSchG Lösungsmöglichkeiten aufzuzeigen. Als Ergänzung dazu werden im SiGe-Plan zu jeder Maßnahme die relevanten Arbeitsschutzbestimmungen aufgeführt.

Die Ergebnisse der vorgenannten Arbeitsschritte fließen in den nach den Mindestanforderungen der RAB 31 zu erstellenden SiGe-Plan ein, werden mit den Planungsbeteiligten abgestimmt und müssen mit in die Ausschreibungen sowie Vergabe- und Bauvertragsunterlagen eingearbeitet werden. Hierauf hat der Koordinator hinzuwirken.

e) Beraten bei der Planung der Baustelleneinrichtung

Die Beratung bei der Planung der Baustelleneinrichtung erfolgt nach den Vorgaben des SiGe-Plans und aller weiteren zu diesem Zeitpunkt erstellten Unterlagen, z.B. der Baustellenordnung (siehe Kapitel 4.1.2 b)).

Das Ausarbeiten eines Baustelleneinrichtungsplans ist keine Regelleistung, sondern eine optionale Zusatzleistung, die in Kapitel 4.1.3 näher beschrieben wird.

f) Beraten bei der Planung bleibender sicherheitstechnischer Einrichtungen für mögliche spätere Arbeiten an der baulichen Anlage und Zusammenstellen der Unterlage mit den erforderlichen Angaben für die sichere und gesundheitsgerechte Durchführung dieser Arbeiten

Das Zusammenstellen der Unterlage für spätere Arbeiten beginnt ebenfalls mit einer eingehenden Analyse der bis dahin vorliegenden Pläne, in der Regel der Genehmigungs- und Ausführungspläne. Diese Analyse hat zum Ziel, Informationen in der Unterlage für spätere Arbeiten zusammenzustellen, die es ermöglichen, spätere Arbeiten sicher und gesundheitsgerecht planen und durchführen zu können.

Hierzu wird es in der Regel erforderlich sein, bestimmten auftretenden Gefährdungen spezielle Maßnahmen oder Einrichtungen zuzuordnen (bleibende sicherheitstechnische Einrichtungen). Diese ermöglichen während der Nutzungsphase des Gebäudes eine sichere und gesundheitsgerechte Durchführung der erforderlichen Arbeiten.

Die Ergebnisse der Analyse sind wie zuvor mit dem Planer abzustimmen und müssen in die Ausschreibung sowie bei Bedarf in die Vergabe- und Bauvertragsunterlangen einfließen.

g) Hinwirken auf das Berücksichtigen von Leistungen zu Sicherheit und Gesundheitsschutz in Ausschreibungen, Vergabe- und Bauvertragsunterlagen

Der Koordinator wirkt im Rahmen der von ihm zu erbringenden Regelleistungen mit bei der Erarbeitung von Lösungsmöglichkeiten zur Vermeidung bzw. Minimierung von Sicherheits- und Gesundheitsrisiken während der Bauausführung.

Das Erstellen der kompletten, sicherheitstechnischen Ausschreibungen sowie die sicherheitstechnische Überarbeitung der Vergabe- und Bauvertragsunterlagen ist keine Regelleistung; sie kann jedoch bei Bedarf gegen zusätzliche Honorierung vergeben werden. (siehe Kapitel 4.1.3).

h) Beraten bei der Terminplanung, insbesondere bei der Abstimmung von Bauausführungszeiten, um Gefahren, die durch ein zeitliches Nebeneinander hervorgerufen werden können, zu vermeiden

Die Beurteilung von Bauzeitenplänen bezüglich der Dauer von Ausführungszeiträumen ist schwierig und in diesem Zusammenhang nicht zielführend. Leichter und der Koordination angemessener ist es dagegen, zu beurteilen, ob sich gleichzeitig angesetzte Arbeiten gegenseitig in gefährlicher Weise beeinflussen. Dies könnte z.B. beim Umgang mit lösemittelhaltigen Stoffen gegeben sein, wenn gleichzeitig im gleichen Baufeld Feuerarbeiten stattfinden.

In einem solchen Fall muss der Koordinator darauf hinwirken, die Arbeiten zeitlich voneinander zu trennen, d.h. den Bauzeitenplan zu verändern.

4.1.2 Regelleistungen im Bedarfsfall

a) SiGe-Plan an den Planungsprozess anpassen, soweit dies erforderlich ist (analog § 3 Abs. 3 Nr. 3 BaustellV)

Gemäß Baustellenverordnung muss der SiGe-Plan bei erheblichen Änderungen während der Ausführung des Bauvorhabens angepasst werden. Eine erhebliche Änderung liegt vor, wenn sich diese auf die weitere Koordination auswirkt. Es handelt sich dabei in der Regel um Planungs-, Leistungs-, Bauzeit- oder Bauablauf-Änderungen.

b) Erstellen einer Baustellenordnung

Es ist nach der Baustellenverordnung nicht vorgeschrieben, eine Baustellenordnung auszuarbeiten. Gleichwohl ergibt eine derartige Baustellenordnung auch im Hinblick auf Arbeitssicherheit und Gesundheitsschutz Sinn, weil in ihr alle wesentlichen Regeln für einen reibungslosen und ungestörten Baustellenbetrieb festgehalten werden können. Ferner können hier auftraggeber- oder objektspezifische Regelungen, die während der Baumaßnahme zu beachten sind, einfließen. Eine Baustellenordnung ist quasi die Hausordnung einer Baustelle.

Die Baustellenordnung kann daher gut in die SiGe-Planung integriert werden. Dies wird auch in der RAB 30 als Option bei den Aufgaben des Koordinators so beschrieben.

c) Mitwirken beim Erstellen der Vorankündigung und deren Übermittlung an die nach Landesrecht zuständige Behörde

Die Erstellung der Vorankündigung ist im Regelfall Aufgabe des Bauherrn oder des von ihm beauftragten Dritten (nach § 4 BaustellV). Dabei kann im Hinblick auf eine Gesamtdienstleistungserbringung der Koordinator unterstützend mitwirken, bis hin zur vollständigen Vorbereitung/Erstellung der Vorankündigung.

Die Übermittlung an die zuständige Behörde kann auf unterschiedlichen Wegen erfolgen. Die vom Bauherrn oder vom beauftragten Dritten unterschriebene Vorankündigung kann per Post, Fax oder E-Mail übermittelt werden. Alternativ bieten einige Bundesländer bzw. die für Arbeitsschutz auf Baustellen zuständige Behörde auszufüllende Online-Formulare an, die anstatt mit einer Unterschrift mit einfacher Signatur zu versehen sind.

d) Analysieren der Vorplanung oder mehrerer Entwurfsplanungen und Feststellen arbeitssicherheits- und gesundheitsschutzrelevanter Wechselwirkungen zwischen den Arbeiten der einzelnen Gewerke auf der Baustelle und anderen betrieblichen Tätigkeiten oder Einflüssen in der Nähe der Baustelle

In Analogie zur RAB 10, wonach die „Planung der Ausführung" spätestens beginnt, wenn ein Entwurf hinreichend konkret erarbeitet und dargestellt ist, ist die o.g. Gefährdungsanalyse für die Entwurfs- und Genehmigungsplanung als Regelleistung beschrieben.

Im Bedarfsfall kann auf Wunsch des Auftraggebers schon eine frühzeitigere beratende Tätigkeit des Koordinators (Beratung im Rahmen der Vorplanung und/oder des Prozesses mehrerer Entwurfsplanungen) erfolgen.

Der Umfang der Leistungen in diesem frühen Entwurfsstadium kann nicht einheitlich definiert werden, da er von der jeweiligen Planungstiefe und der Anzahl der zu untersuchenden Entwürfe abhängt.

e) Abstimmen beim Vorhandensein mehrerer Koordinatoren

Gemäß Baustellenverordnung kann der Bauherr die zu erbringenden Koordinationsleistungen an einen oder mehrere geeignete Koordinatoren vergeben, z.B. getrennt für die Phasen „Planung der Ausführung" und „Ausführung des Bauvorhabens". Die Koordinatoren müssen dann alle notwendigen Abstimmungen untereinander treffen.

f) Anpassen der Unterlage bei erheblichen Planungsänderungen

Wenn im Rahmen der Ausführung des Bauvorhabens erhebliche Planungsänderungen dazu führen, dass Einrichtungen und Maßnahmen für die sichere Ausführung von Instandhaltungsarbeiten (Wartung, Inspektion, Instandsetzung) an der baulichen Anlage verändert werden müssen, kann das zu einem deutlichen Mehraufwand für den Koordinator führen, der im Vorhinein nicht abschätzbar ist.

g) Mitwirken bei der Arbeitsgestaltung in besonderen Gefahrenlagen

Hinsichtlich der Arbeitsgestaltung besteht die Verpflichtung, die Risiken in besonderen Gefahrenlagen möglichst zu vermeiden. Daraus resultieren generell je nach Gefahrenlage für den Bauherren und den am Bau Beteiligten u.a. die Verpflichtung, den Beschäftigten geeignete Anweisungen zu erteilen, die Baustellenabläufe abzuändern, Schichtmodelle einzuführen, Sicherheitsmaßnahmen nach Vorgabe umzusetzen usw. Diese besonderen Verhaltensmaßnahmen richten sich im Normalfall an die Unternehmer der am Bau beteiligten Firmen. Sofern jedoch aufgrund einer solchen gesundheitlichen Gefährdung die Planung des Bauablaufes, das Bauverfahren und Baumethoden, der Baustellenbetrieb und die Baustelleneinrichtung geändert wird, muss der SiGe-Koordinator als Unterstützung des Bauherrn tätig werden. Dazu gehört u.a., die relevanten Vorschriften für die Sicherheit und den Gesundheitsschutz der Beschäftigten auf Baustellen nach Kapitel 4.1.1 dieses Heftes als Regelleistungen umzusetzen.

4.1.3 Optionale Leistungen

a) Erstellen eines Baustelleneinrichtungsplans

Je beengter die Verhältnisse auf einer Baustelle sind, desto notwendiger ist das Vorhandensein eines Baustelleneinrichtungsplans und desto schwieriger ist dessen Erstellung. Da der SiGe-Koordinator als Regelleistung in der Planungsphase bei der Planung der Baustelleneinrichtung beratend mitwirkt und somit thematisch eingebunden ist, kann er das Erstellen eines Baustelleneinrichtungsplans als zusätzliche Leistung übernehmen.

b) Mitwirkung bei Erstellung der Baubeschreibung und Vergabeunterlagen

Der SiGe-Koordinator wirkt (als Regelleistung) in der Planungsphase auf das Berücksichtigen von Leistungen zu Sicherheit und Gesundheitsschutz in den Ausschreibungen sowie Vergabe- und Bauvertragsunterlagen hin. Als weitergehende Unterstützung kann der SiGe-Koordinator die entsprechenden Passagen zu Sicherheit und Gesundheitsschutz ausformulieren und in die Baubeschreibung und Vergabeunterlagen einbringen.

c) Mitwirken bei der Prüfung der Angebote und der Vergabe

Eingehende Angebote sind seitens der ausschreibenden Stelle u.a. dahingehend zu prüfen, ob die ausgeschriebenen Leistungen in den Angeboten berücksichtigt und umgesetzt werden. Hierzu zählen auch die Leistungen zu Sicherheit und Gesundheitsschutz. Da er als Regelleistung während der Planungsphase bereits auf das Berücksichtigen von Leistungen zu Sicherheit und Gesundheitsschutz in den Ausschreibungen hingewirkt hat, ist eine Mitwirkung bei der Prüfung der Angebote und der Vergabe durch den SiGe-Koordinator sinnvoll.

d) Entwickeln von Konzepten und Organisieren von Maßnahmen zu Sicherheitsfragen im Sinne von Security

In zunehmendem Maße sind Bauherren daran interessiert, die Baustelle selbst und/oder angrenzende sensible Betriebsbereiche zu sichern. Diese Sicherung zielt u.a. auf Vermeidung von Diebstahl und Vandalismus sowie unbefugtes Betreten ab. Durch z.B. Zugangskontrollen zur Baustelle und damit einhergehender Personenerfassung ist die Baustellenbesetzung jederzeit bekannt. Dieses hilft u.a. bei der Ermittlung von vermissten Personen im Havariefall oder bei Baustellenüberprüfungen durch den Zoll im Hinblick auf Aufenthalts- und Arbeitserlaubnisse, Einhaltung von Mindestlohn, Sozialkassenbetrug usw. Verknüpfungen zwischen Safety und Security sind demnach gegeben und die hierfür ggf. notwendigen Konzepte können von einem Koordinator mit entwickelt und/oder eine diesbezügliche Sicherheitsorganisation mit übernommen werden.

e) Beraten zu notwendigen verkehrssichernden Maßnahmen des Bauherrn oder der ausführenden Firmen (im Sinne von § 823 Abs. 1 BGB)

Im Rahmen der deliktischen Haftung nach § 823 Abs. 1 BGB knüpfen die maßgeblichen Verkehrssicherungspflichten an die Verantwortlichkeiten für einen bestimmten Gefahrenbereich an, beispielsweise für die Sicherheit auf Baustellen. Ausgangspunkt ist die in der Rechtsprechung einhellig vertretende Auffassung, dass die Verkehrssicherungspflicht im Hinblick auf ein Bauvorhaben grundsätzlich zunächst den Bauherren selbst trifft, da er Veranlasser der Baumaßnahmen ist und damit auch die Gefahrenquellen geschaffen hat. Der Bauherr kann seine ihn primär treffende Verkehrssicherungspflicht dadurch verkürzen, dass er die Planung und Durchführung des Bauvorhabens zuverlässigen sachkundigen Fachleuten, sei es einem Architekten/Ingenieur oder einem Bauunternehmen, überträgt. In diesem Fall verändern sich die Sorgfaltspflichten des Bauherrn inhaltlich dahingehend, dass sie lediglich in Form von Auswahl-Instruktions- und Überwachungspflichten fortbestehen. Wurde die Verkehrssicherungspflicht in diesem Sinne übertragen, wird in Abgrenzung zwischen Architekt/Ingenieur und Bauunternehmen der alleinige Verpflichtete derjenige sein, der die Baustelle „beherrscht" und mithin die Gefahren erkennen und deshalb auch abwenden kann. Damit wird in aller Regel dem bauausführenden Unternehmen die unmittelbare Verkehrssicherungspflicht obliegen.

Für die Sicherheit und die Gesundheit auf der Baustelle wird ein Sicherheits- und Gesundheitsschutzkoordinator (SiGe-Koordinator) beauftragt. Dessen Sorgfaltspflichten ergeben sich insbesondere aus der Baustellenverordnung sowie den technischen Regeln für Arbeitsstätten (ASR). Gemäß § 1 Abs. 1 BaustellV „dient die Verordnung der wesentlichen Verbesserung von Sicherheit und Gesundheitsschutz der Beschäftigten auf Baustellen". Damit wird das Ziel verfolgt, die Sicherheit und den Gesundheitsschutz der auf der Baustelle Beschäftigten zu verbessern. Der Begriff „Beschäftigte" ist im Sinne von § 2 Abs. 2 ArbSchG zu verstehen. Dies sind alle Personen, die aufgrund einer rechtlichen Beziehung zum Arbeitgeber Arbeitsleistungen erbringen. Der Koordinator ist mithin nicht für den Schutz Dritter, also an der Baumaßnahme Unbeteiligter, „verantwortlich" und muss auch nicht im Rahmen der von ihm zu erbringenden Regelleistungen dahingehende Maßnahmen koordinieren. Es steht dem Koordinator allerdings frei, z.B. vom Bauherrn festgelegte Lösungen in den SiGe-Plan aufzunehmen (inhaltliche Empfehlungen, RAB 31). Im Hinblick auf die Anforderungen an Arbeitsplätze und Verkehrswege auf Baustellen im Grenzbereich zum Straßenverkehr – Straßenbaustellen – konkretisiert ARS A 5.2 die entsprechenden Anforderungen. Bei Einhaltung der technischen Regeln ist insoweit davon auszugehen, dass die entsprechenden Anforderungen erfüllt sind. Wird eine abweichende Lösung gewählt, muss zumindest die gleiche Sicherheit und der gleiche Gesundheitsschutz für die Beschäftigten auf Baustellen vor Gefährdungen durch den fließenden Verkehr im Grenzbereich zum Straßenverkehr erreicht werden.

Bei der Baustellenverordnung handelt es sich um ein „Schutzgesetz" gemäß § 823 Abs. 2 BGB. Dies bedeutet, dass sich aus der Baustellenverordnung, respektive aus dem Vertrag zwischen Bauherrn und SiGe-Koordinator, eine Schutzwirkung zugunsten Dritter ergibt, sodass ein unmittelbar Geschädigter (Beschäftigter auf der Baustelle) oder auch ein mittelbar Geschädigter (Unfallversicherung eines Unfallopfers) Schadenersatz bei nachweislich schuldhaftem Verhalten des SiGe-Koordinators einfordern kann, ohne dass es eines direkten Vertrages mit dem Geschädigten bedarf. Haftungsvoraussetzung ist jedoch eine konkrete Pflichtverletzung des SiGe-Koordinators, die kausal zum Unfall geführt hat. Einer allgemeinen Gefährdungshaftung unterliegt die Tätigkeit des SiGe-Koordinators nicht.

Der Umfang der vom SiGe-Koordinator übernommenen Pflichten ergibt sich aus dem Vertrag sowie § 3 Abs. 2 und 3 BaustellV. Das gilt auch für die Verkehrssicherungspflicht. Für die Bestimmung einer Pflichtverletzung kommt es darauf an, was unter Berücksichtigung der Vorgaben der Baustellenverordnung sowie des konkreten Vertrages geeignet, angemessen und zumutbar war, um bestehende Gefahren abzuwenden. Eine Konkretisierung ergibt sich aus dem Umfang der Überwachungspflicht nach Maßgabe des SiGe-Plans. Die Überwachung der Bauarbeiten ist grundsätzlich Aufgabe des bauleitenden Architekten. Dazu gehört auch die Überwachung gefahrenträchtiger Arbeiten. Die Aufgabe des SiGe-Koordinators ist auf die stichprobenartige Kontrolle der Einhaltung der Arbeitsschutzvorschriften beschränkt.

Nicht zuletzt vor dem Hintergrund der notwendigen Abgrenzung von Verantwortlichkeiten auf der Baustelle, ist das mögliche Planen und Festlegen von verkehrssichernden Maßnahmen durch den Koordinator vertraglich genau zu definieren und muss gesondert honoriert werden.

f) Beraten bei oder Erstellen von Verkehrslenkungsplänen

Bei Arbeitsstellen an Straßen oder größeren Baumaßnahmen, die mit Eingriffen in das öffentliche Straßennetz verbunden sind, ist u.a. die Technische Regel ASR A5.2 „Anforderungen an Arbeitsplätze und Verkehrswege auf Baustellen im Grenzbereich zum Straßenverkehr – Straßenbaustellen" zu beachten. Unter Umständen müssen auch Verkehrslenkungspläne erstellt werden. Diese Aufgabe kann als zusätzliche Leistung dem Koordinator übertragen werden. Es empfiehlt sich allerdings, dieses als separaten Planungsauftrag losgelöst vom Koordinatorenauftrag durchführen zu lassen.

g) Einholen von straßenverkehrsrechtlichen Anordnungen

Wenn infolge eines Baustellenbetriebes ein Eingriff in den öffentlichen Straßenverkehr vorgenommen werden muss, ist nach den Richtlinien für die Sicherung von Arbeitsstellen an Straßen (RSA) bei der zuständigen Straßenverkehrsbehörde eine verkehrsrechtliche Anordnung einzuholen. Da diese nicht nur den anderen Verkehrsteilnehmern, sondern letztlich auch häufig dem Schutz der Beschäftigten auf der Baustelle dient, kann diese Aufgabe vom SiGe-Koordinator erbracht werden. Voraussetzung dafür ist, dass er von den Beteiligten in der Planung und Ausführungsvorbereitung die erforderlichen Informationen zu Platzbedarf, erwartetem Verkehrsaufkommen und zeitlichen Rahmenbedingungen usw. erhält.

h) Überprüfen von Angeboten in sicherheitstechnischer Hinsicht (z.B. bei Funktionalausschreibung, Alternativangeboten oder Sondervorschlägen)

Im Rahmen eines Vergabeverfahrens bestehen häufig für die Bieter Freiheitsgrade bei der Einreichung ihrer Angebote, z.B. bei Alternativangeboten oder Sondervorschlägen. Die Alternativangebote oder Sondervorschläge können von dem in den Ausschreibungsunterlagen geforderten Maßnahmen zu Sicherheit und Gesundheitsschutz bzw. von den ursprünglichen Arbeitssicherheitskonzepten abweichen. Die dadurch notwendigen Folgen für die SiGe-Planung müssen überprüft und bewertet werden. Diese Aufgabe sollte sinnvollerweise der SiGe-Koordinator übernehmen.

Eine Sonderstellung nimmt die funktionale Ausschreibung ein. Hierbei werden in der Regel nur grobe Vorgaben zu Fragen der Arbeitssicherheit und des Gesundheitsschutzes gemacht. Gleichwohl müssen alle, u.U. sehr verschiedene Angebote in dieser Hinsicht überprüft werden, bevor die Planung der Ausführung nach der Vergabe abgeschlossen werden kann (vgl. hierzu auch RAB 10, Kapitel 5).

i) Kostenanalysen zu technischen oder organisatorischen Maßnahmen für Arbeitssicherheit und Gesundheitsschutz

Bei verschiedenen Baukonstruktionen und Arbeitsverfahren ist es durchaus möglich, dass die notwendigen Sicherungsmaßnahmen während der Baumaßnahme einen erheblichen Anteil an den Baukosten haben. Es ist ebenso denkbar, dass gleichwertige Schutzkonzepte monetär unterschiedlich zu bewerten sind.

In diesen Fällen kann es sinnvoll sein, verschiedene Lösungsmöglichkeiten zu Aspekten der Arbeitssicherheit und des Gesundheitsschutzes im Hinblick auf die sie verursachenden Kosten zu untersuchen.

j) Beraten bei oder Erstellung einer Brandschutz-, Flucht- und Rettungswege-Planung und/oder eines Rettungskonzepts für die Ausführung der Arbeiten

Auf größeren Baustellen ist eine Vielzahl von Arbeitskräften tätig. Zudem können große Baumaßnahmen unübersichtlich sein, was die Orientierung erschwert. Bei einer Havarie auf der Baustelle oder bei einem Anlass zur Evakuierung der Baustelle müssen Flucht- und Rettungswege in ausreichender Anzahl und Breite vorhanden und bekannt sein. Die Technische Regel für Arbeitsstätten ASR A2.3 „Fluchtwege und Notausgänge, Flucht- und Rettungsplan" ist zu beachten. Beim Bauen im Bestand kommt noch hinzu, dass ursprünglich vorhandene Verkehrs-, Flucht- und Rettungswege durch die Baumaßnahme eingeschränkt oder versperrt werden können und alternative Wege vorgehalten und hergerichtet werden müssen. Gegebenenfalls kann dieses mehrfach während der Bauphase erforderlich werden. Auch die Örtlichkeit der Baustelle kann an die Rettung hohe Ansprüche stellen, z.B. wenn die Baustelle mit Fahrzeugen nicht unmittelbar erreichbar ist, sondern z.B. nur per Schiff/Fähre und/oder Hubschrauber. Es gibt also vielfältige Gründe für die Erstellung einer Flucht- und Rettungswege-Planung oder von ganzheitlichen Rettungskonzepten, die auch den Brandschutz auf der Baustelle inkludieren. Die Technische Regel für Arbeitsstätten ASR A2.2 „Maßnahmen gegen Brände" ist zu beachten. Die Beratung bei oder die Erstellung von vorgenannten Planungsunterlagen und Rettungskonzepten kann der SiGe-Koordinator aufgrund seiner Kenntnisse und Erfahrungen häufig übernehmen.

4.2 Leistungen während der Ausführung des Bauvorhabens

Um die erforderlichen Regelleistungen und die Optionalen Leistungen in der Ausführungsphase transparenter zu machen, werden diese in den folgenden Unterkapiteln erläutert.

4.2.1 Regelleistungen

a) Bekanntmachen, Anpassen und Fortschreiben des SiGe-Plans sowie Hinwirken auf seine Einhaltung und auf die Umsetzung der erforderlichen Arbeitsschutzmaßnahmen durch die beteiligten Unternehmen

Die Unterlagen zur SiGe-Planung, insbesondere der SiGe-Plan, müssen den ausführenden Firmen zugänglich gemacht werden und auf der Baustelle vorliegen. Zur Beachtung und

Einhaltung ist eine entsprechende Einweisung der beteiligten Unternehmen unumgänglich.

b) Information und eingehende Erläuterung der Maßnahmen für Sicherheit und Gesundheitsschutz gegenüber allen Auftragnehmern (einschließlich der Nachunternehmer und der Unternehmer ohne Beschäftigte)

Eingewiesen werden die Verantwortlichen aller Unternehmen (einschließlich der Unternehmer ohne Beschäftigte), die wiederum – im Rahmen ihrer Weisungsbefugnis und ihrer Verpflichtungen nach Arbeitsschutzgesetz – gemäß § 5 Abs. 2 BaustellV auch ihre Beschäftigten entsprechend unterweisen müssen. Die Einweisung der Nachunternehmer ist Aufgabe und Verpflichtung der beauftragenden ausführenden Firma. Die Einweisung und Informationen zur Sicherheit und Gesundheitsschutz erhöhen die Akzeptanz bei allen Beteiligten und fördern die schnelle und bessere Umsetzung der Sicherheits- und Gesundheitsschutzmaßnahmen.

c) Organisieren des Zusammenwirkens der bauausführenden Unternehmen hinsichtlich Sicherheit und Gesundheitsschutz (vgl. § 3 Abs. 3 Nr. 4 BaustellV) z.B. durch Sicherheitsbesprechungen und -begehungen (in einem festzulegenden angemessenen Turnus) mit Dokumentation und Auswerten der Ergebnisse

Der SiGe-Koordinator hat darauf hinzuwirken, dass die Tätigkeiten der ausführenden Firmen, die insbesondere zeit- und ortsnah ablaufen, so organisiert werden, dass gegenseitige Gefährdungen weitgehend ausgeschlossen, zumindest aber minimiert werden können.

Der SiGe-Koordinator führt regelmäßige Baustellenbegehungen zur Kontrolle der im SiGe-Plan festgelegten Maßnahmen durch. Es obliegt ihm im Rahmen seiner Fachkunde und im Rahmen der jeweiligen Bauabläufe, seine Arbeit vor Ort, den Umfang und die Regelmäßigkeit vorzuschlagen und mit dem Bauherrn zu vereinbaren. Diese kann für bestimmte Bauphasen unterschiedlich sein. Wichtig ist jedoch, dass eine durchgehende und wirksame Koordination gewährleistet ist. Gleichfalls kann es sinnvoll sein, zu gegebener Zeit anlassbezogene Besprechungen durchzuführen (z.B. beim Ausführungsbeginn neuer Gewerke, vor Beginn besonders gefährlicher Arbeiten oder bei einem allgemein schlechten Arbeitsschutzniveau auf der Baustelle).

Gespräche, Baustellenbegehungen o.Ä. sind beispielsweise in Protokollen, Fotos oder Aktenvermerken zu dokumentieren. Rein formal reicht es aus, wenn sie zeitnah dem Bauherrn oder seinem Vertreter vor Ort (in der Regel der Bauleiter nach Landesbauordnung) übermittelt werden. Es empfiehlt sich jedoch in Abstimmung mit dem Bauherrenvertreter, die v.g. Dokumente auch den verantwortlichen Personen der ausführenden Firmen zuzusenden, um einen schnelleren Informationsfluss zu gewährleisten.

Die Weitergabe/Verteilung an die vor Ort Beschäftigten ist eine Verpflichtung nach § 5 Abs. 1 BaustellV, wonach die Hinweise des Koordinators und die Inhalte des SiGe-Plans zu berücksichtigen sind.

d) Koordinieren der Überwachung der ordnungsgemäßen Anwendung der Arbeitsverfahren durch die Arbeitgeber z.B. durch Einfordern von Nachweisen (vgl. § 3 Abs. 3 Nr. 5 BaustellV)

Der Koordinator hat die ausführenden Firmen im Hinblick auf die Überwachung der ordnungsgemäßen Anwendung der Arbeitsverfahren koordinieren. Hierzu kann er z.B. entsprechende Nachweise einfordern. In jedem Fall besteht keine alleinige Überprüfungspflicht des Koordinators. Gemeinsam genutzte Sicherheitseinrichtungen (wie z.B. Gerüste) werden in der Regel von einem Unternehmen aufgebaut, vorgehalten und stehen dann vielen anderen Gewerken für die sichere Ausführung ihrer Arbeiten zur Verfügung. Wenn diese Sicherheitseinrichtungen nach den allgemein anerkannten Regeln der Technik im Hinblick auf ihre Standsicherheit und Gebrauchstauglichkeit erstellt wurden, können alle Beschäftigte diese nutzen. Der Koordinator muss darauf hinweisen, dass sich die gemeinsam genutzten Sicherheitseinrichtungen sich in ordnungsgemäßem Zustand befinden, bleiben und bei Bedarf überprüft und nachgebessert werden.

e) Berücksichtigung sicherheits- und gesundheitsschutzrelevanter Wechselwirkungen zwischen Arbeiten auf der Baustelle und anderen betrieblichen Tätigkeiten oder Einflüssen auf oder in der Nähe der Baustelle

Gemäß §§ 5 und 6 BaustellV sind die Arbeitgeber und Unternehmer ohne Beschäftigte unabhängig von den zu treffenden Maßnahmen nach §§ 2 und 3 BaustellV verpflichtet, ihren Arbeitsschutzverpflichtungen eigenverantwortlich und uneingeschränkt nachzukommen.

Der SiGe-Koordinator wirkt darauf hin, dass die in dem SiGe-Plan dokumentierten Sicherheitsmaßnahmen umgesetzt werden. Des Weiteren achtet er bei seinen Baustellenbegehungen darauf, dass die beteiligten Unternehmen ihren aus der Baustellenverordnung resultierenden Verpflichtungen nachkommen.

Ein Anspruch auf vollständige Erfassung aller möglichen Mängel ist ausgeschlossen, da der SiGe-Koordinator in der Regel nicht täglich auf der Baustelle ist und keine bauleitenden Aufgaben übernimmt.

f) Koordinieren der Anwendung der allgemeinen Grundsätze nach § 4 ArbSchG

Die Grundsätze des § 4 des Arbeitsschutzgesetzes, deren Beachtung verpflichtend ist für alle Arbeitgeber, sind wesentlicher Bestandteil der Baustellenverordnung.

Besonders relevant sind hier folgende Grundsätze, die der Arbeitgeber bei Maßnahmen des Arbeitsschutzes zu berücksichtigen hat:

1. Die Arbeit ist so zu gestalten, dass eine Gefährdung für das Leben sowie die physische und die psychische Gesundheit möglichst vermieden und die verbleibende Gefährdung möglichst gering gehalten wird;
2. Gefahren sind an ihrer Quelle zu bekämpfen;
3. bei den Maßnahmen sind der Stand von Technik, Arbeitsmedizin und Hygiene sowie sonstige gesicherte arbeitswissenschaftliche Erkenntnisse zu berücksichtigen;
4. Maßnahmen sind mit dem Ziel zu planen, Technik, Arbeitsorganisation, sonstige Arbeitsbedingungen, soziale Beziehungen und Einfluss der Umwelt auf den Arbeitsplatz sachgerecht zu verknüpfen;

5. individuelle Schutzmaßnahmen sind nachrangig zu anderen Maßnahmen.

Während der Ausführung des Bauvorhabens stimmt der Koordinator die Anwendung dieser Grundsätze mit allen Beteiligten ab (vgl. hierzu auch RAB 33).

4.2.2 Regelleistungen im Bedarfsfall

a) Aushängen und Anpassen der Vorankündigung

Gemäß § 2 Abs. 2 BaustellV muss die Vorankündigung sichtbar auf der Baustelle ausgehängt und bei erheblichen Änderungen angepasst werden. Diese Vorgaben werden in der RAB 10 Abs. 10 und 11 konkretisiert und als Bauherrenaufgaben hervorgehoben. Überträgt der Bauherr diese Aufgaben an den SiGe-Koordinator, so sind diese gesondert vergütungsfähig.

Je nach Größe der Baustelle bietet es sich an, von einer beauftragten Firma ein „Schwarzes Brett" installieren zu lassen, wo neben der Vorankündigung sonstige baustellenrelevante Bekanntmachungen veröffentlicht werden und zu dem alle Beteiligten jederzeit Zugang haben.

Die Anpassung der Vorankündigung bei „erheblichen Änderungen" der Baustellensituation kann zu einer aufwendigen Tätigkeit werden. Vor allem kann sie bei längeren Bauzeiten mehrmals erforderlich werden. Als häufigster Anpassungsgrund hat sich in der Vergangenheit eine Erhöhung der Höchstzahl gleichzeitig Beschäftigter und eine Erhöhung der Anzahl der Arbeitgeber bzw. Unternehmer ohne Beschäftigte erwiesen. Dies tritt regelmäßig dann auf, wenn zu Beginn der Baumaßnahme manche Gewerke noch nicht vergeben sind. Hervorzuheben ist, dass keine Pflicht besteht, die Behörde von den Änderungen in Kenntnis zu setzen.

b) Hinwirken auf die Einhaltung einer Baustellenordnung und eines Baustelleneinrichtungsplans (soweit diese vorhanden sind) hinsichtlich der Vermeidung gegenseitiger Gefährdungen

Baustellenordnung und Baustelleneinrichtungsplan („Geschäftsgrundlagen" zur Konkretisierung der BaustellV) haben sich als ergänzende Dokumente zum SiGe-Plan im Hinblick auf Arbeitssicherheit und Gesundheitsschutz bewährt. Die RAB 30 schreibt in Kapitel 3 Absatz 2 vor, auf die Einhaltung dieser Dokumente hinzuwirken. Für einen verantwortungsvollen Koordinator ist dieses eine Aufgabe, die im Rahmen der regelmäßigen Begehungen mit anfällt und entsprechend dokumentiert werden muss.

c) Bei getrennten Auftragnehmern für Planungs- und Ausführungsphase: Sichten und Einarbeiten in den SiGe-Plan und in die Informationen aus der Planungsphase

Muss ein beauftragter SiGe-Koordinator bei der Erarbeitung der Dokumente für die Ausführungsphase auf Informationen eines ausschließlich für die Planungsphase des Bauvorhabens Beauftragten aufbauen, so benötigt er hierzu ausreichende Mittel.

d) Anpassen des SiGe-Plans bei erheblichen Änderungen der Planung, des Bauverfahrens oder des Bauablaufs

Wenn einer oder mehrere dieser Sachverhalte auftreten, so ist dies in der Regel erst nach Ausführungsbeginn des Bauvorhabens, also im Verlauf der Ausführungsphase, der Fall, sodass erst dann eine Fortschreibung des SiGe-Plans vorgenommen werden kann (z.B. wenn sich Details für den Endausbau durch Umplanungen geändert haben).

e) Zusätzliche Koordinationsleistung bei Planungsänderungen, erheblichen Störungen des Bauablaufes oder Bauzeitenverlängerung

Planungsänderungen, erhebliche Bauablaufstörungen, unvorhergesehene Gefahrenlagen, Bauzeitverlängerungen usw. können dazu führen, dass der Koordinator gegenüber seiner ursprünglichen Kalkulation einen erheblichen Mehraufwand leisten muss, indem er beispielsweise deutlich mehr Baustellenbegehungen durchführen muss. In einem solchen Fall müssen die zusätzlichen Leistungen gesondert vergütet werden. In der Regel kann nach Bekanntwerden eines oder mehrerer dieser Sachverhalte eine Kalkulation des Mehraufwands vorgenommen werden.

4.2.3 Optionale Leistungen

Bei den im Folgenden näher beschriebenen Aufgabenbereichen handelt es sich um Leistungen, die im Leistungskatalog der Baustellenverordnung nicht vorgesehen sind. Sie stehen jedoch im weiteren Zusammenhang mit der Erfüllung der dort geforderten Maßnahmen und können von einem Koordinator als Dienstleistung, die gesondert zu vergüten ist, erbracht werden.

Die Aufzählung ist nicht abschließend, da im Einzelfall auch andere Betätigungsfelder vom SiGe-Koordinator übernommen werden können. Es ist deshalb sinnvoll, diese Zusatzleistungen explizit zu beschreiben und gesondert zu beauftragen. Es ist außerdem angeraten, dass der Koordinator bei seinem jeweiligen Versicherer abklärt, inwieweit die Haftpflichtversicherung evtl. hieraus resultierende Schadensersatzansprüche abdeckt. Gegebenenfalls bietet sich hierzu eine projektbezogene Erweiterung des Versicherungsumfangs an.

Der Vergütungsanspruch ist einzelfallbezogen als Pauschale oder auf Zeitnachweis zu vereinbaren und in einer besonderen vertraglichen Vereinbarung sicherzustellen.

a) Einteilung der Arbeiten/Vorgabe von Arbeitsabläufen

Bei diesen Tätigkeiten handelt es sich um Teilleistungen aus Pflichtleistungen nach dem HOAI-Leistungsbild, die in der Regel der Architekt oder Ingenieur im Rahmen der Leistungsphase 8 Objektüberwachung/Bauüberwachung erbringt. Insofern ist beim Erarbeiten eine enge Absprache mit dem beauftragten Bauleiter erforderlich. Es bietet sich an, die Arbeiten nach beauftragten Gewerken zu gliedern und hierfür einen Zeitplan im Rahmen der festgelegten gesamten Bauzeit, z.B. in Form eines Balkendiagramms, zu erstellen. Auch hier kann es zur Notwendigkeit von Fortschreibungen kommen. Durch die Darstellung der Ausführungszeiten der einzelnen Gewerke im Balkendiagramm werden die Arbeitsabläufe (ggf. unter Einfügung erläuternder Beschreibungen) vorgegeben. Die Abläufe müssen dann ihrerseits kontinuierlich überwacht werden (Soll-Ist-Vergleich), um sich abzeichnende Veränderungen im Bauablauf festzustellen und diese berücksichtigen zu können.

b) Erfassen verbauter Materialien und eingesetzter Substanzen sowie deren aktueller Verarbeitungs-, Entsorgungs- und Warnhinweisen z.B. in Unterlage für spätere Arbeiten

Auch bei diesen Tätigkeiten handelt es sich um Teilleistungen aus Pflichtleistungen nach dem HOAI-Leistungsbild, die in der Regel der beauftragte Architekt oder Ingenieur im Rahmen der Leistungsphase 8 Objektüberwachung/Bauüberwachung erbringt. Insbesondere geht es um eine systematische Zusammenstellung von Unterlagen für die spätere Nutzung des Bauvorhabens nach seiner Fertigstellung. Je nach Art des Bauvorhabens handelt es sich dabei um Zusammenstellungen z.B. von verwendeten Materialien verschiedenster Gewerke, Bedienungsanleitungen, Prüfprotokollen, Verlegeplänen, Öl- und Gaslagerungen, Heizungs-/Lüftungs-/sanitärtechnischen Betriebsdokumenten, Aufzügen, Fördertechnik, Aufbauanweisungen, Sicherheitsdatenblättern, Entsorgungsnachweisen (in Abhängigkeit der Schadstoffbelastungsklasse) usw. Gemeint ist hierbei nicht die Erstellung der Dokumente selbst, sondern eine koordinierende, gegliederte Zusammenfassung sämtlicher von den ausführenden Firmen zu liefernder Schriftstücke in Form einer (digitalen) Dokumentenmappe o.Ä.

Die Zusammenstellung der „Unterlage" nach BaustellV, in der die zu berücksichtigenden Angaben über das Bauwerk zu Sicherheit und zum Gesundheitsschutz enthalten sein müssen, ist eine Regelleistung nach BaustellV und wird nicht gesondert vergütet. Allerdings kann es zu Leistungsüberschneidungen kommen, sofern der Bauherr ein „Dokumentationswerk" wünscht, das sich auf alle für den Lebenszyklus des Bauvorhabens relevanten Bereiche bezieht. Bezüglich der Sammlung und Verfügbarkeit relevanter Produktinformationen bietet die Anwendung von BIM (Building Information Modeling) ideale Möglichkeiten zur Datenverwaltung und gezielten Informationsbereitstellung.

c) Mitwirken bei formalen Arbeitsfreigaben

Bei komplexen Baumaßnahmen, bei denen beispielsweise verschiedenartige besonders gefährliche Arbeiten (im Sinne des § 2 BaustellV) auftreten, empfiehlt es sich, ein System zu Arbeitsfreigaben von Einzelgewerken bereitzuhalten (z.B. Erlaubnisschein, Arbeitsanweisung, Arbeitsfreigabe). Ein Erlaubnisschein o.Ä. kann sich dabei auf mehrere Arbeitsbereiche beziehen, sofern gleichartige Arbeitsbedingungen bestehen und gleichartige wirksame Schutzmaßnahmen festgelegt worden sind. Zum Beispiel handelt es sich bei einer Arbeitsfreigabe um eine normalerweise schriftlich erteilte Berechtigung und Anweisung, die Arbeit nach einem spezifischen Terminplanvorgang oder einem Arbeitspaket usw. zu beginnen. Mit den genannten formalen Instrumenten wird sichergestellt, dass die betreffende Arbeit vom Beauftragten rechtzeitig, in der richtigen Reihenfolge und unter Erfüllung der Sicherheitsvorschriften ausgeführt wird.

Sofern der SiGe-Koordinator bei formalen Arbeitsfreigaben mitwirkt, d.h. beispielsweise spezifische Erlaubnisscheine mit entwirft und sie an die Auftragnehmer verteilt oder sie lediglich vom Bauherrn entgegennimmt und gewerkespezifisch verteilt, so ist diese Leistung gesondert zu vergüten.

d) Regelmäßige Teilnahme an allgemeinen Bau-/Projektbesprechungen

In den regelmäßig durchgeführten Baubesprechungen der Bauüberwachung des Bauherrn mit den Bauleitern und Fachbauleitern der Auftragnehmer wird der Leistungsstand abgeglichen. Konkrete Ausführungstermine und offene Ausführungsdetails werden abgestimmt und formale Aspekte (Aufmaß, Abrechnung, Bautageberichte) durchgesprochen. Diese Sachverhalte betreffen nicht den SiGe-Koordinator, sofern die Baumaßnahme vom Umfang, Inhalt sowie Zeitplan planmäßig verläuft und sich kein Änderungsbedarf an den Festlegungen der SiGe-Planung ergibt.

Um den erforderlichen Zeitaufwand des SiGe-Koordinators im Rahmen der Regelleistungen auf den zweckmäßigen Umfang zu begrenzen, ist davon auszugehen, dass er nicht oder nur eingeschränkt an den regelmäßigen Baubesprechungen teilnimmt bzw. dass er in Abstimmung mit dem Bauherrn gesonderte Besprechungen veranlasst und durchführt. Eine sinnvolle Begrenzung lässt sich durch Aufnahme eines gesonderten Protokollpunktes (z.B. Punkt 1 der Tagesordnung: Koordination von Sicherheit und Gesundheitsschutz) und dessen Bearbeitung in den Baubesprechungen in regelmäßigen Abständen oder nach Erfordernis erreichen.

Wünscht der Bauherr die regelmäßige Teilnahme des Koordinators an den Baubesprechungen auch über die Dauer des ihn betreffenden Tagesordnungspunktes hinaus oder erweist sich die Teilnahme aufgrund ständiger kurzfristiger Änderungen des Bauablaufes oder noch nicht feststehender Ausführungsplanung als erforderlich, ist dies als zusätzliche Leistung zu definieren und kalkulatorisch zu berücksichtigen.

e) Anpassen der Unterlage bei Abweichung der Ausführung vom Planungsstand der Unterlage

Die im Rahmen der Planung der Ausführung festgelegten Einrichtungen und Maßnahmen werden möglicherweise im Zuge der Objekterstellung modifiziert oder grundlegend geändert. Insofern muss nach Abschluss der Baumaßnahme durch den Koordinator eine Kontrolle stattfinden, inwieweit die ihm bekannten Planungen umgesetzt worden sind. Festgestellte Abweichungen hiervon müssen in die Unterlage eingearbeitet werden, ehe sie an den Bauherrn übergeben wird.

5 Honorarempfehlung

Das Modell zur Honorarermittlung für die Regelleistungen folgt einem Ansatz, der sowohl die anrechenbaren Kosten als auch die Bauzeit berücksichtigt und damit den Aufwand bei der Koordination besser widerspiegelt als ein Verfahren, dass sich ausschließlich auf die Baukosten bezieht.

5.1 Hinweise zur Anwendung

Schematisierte Vergütungsempfehlungen sind aufgrund ungleicher Randbedingungen und individueller Anforderungen nur begrenzt anwendbar. In den folgenden Tabellen wurden die organisatorisch-vertraglichen Anforderungen mit dem Leistungskatalog kombiniert. Dadurch entstand eine Checkliste, die gleichzeitig auch als Preisblatt genutzt werden kann, da hierin die Honorarformel für die Regelleistungen hinterlegt ist und die Preise für Bedarfsleistungen und Zusatzleistungen sowie die Zuschläge für besondere Bedingungen und Nebenkosten separat erfasst und eingetragen werden müssen.

5.2 Integrierter Honorierungsansatz

I. Aufgaben des Bauherrn

Check	Information	Angaben
	1. Angaben zum Bauvorhaben	
	Name/Bezeichnung des Projektes	
	Adresse	
	Art des Bauvorhabens	
	Bauen im Bestand? [j/n]	
	Sanierungsmaßnahmen/Schadstoffe erwartet? [j/n]	
	Veranschlagte Dauer des Bauvorhabens [Monate]	
	Beginn des Einsatzes in der Planungsphase [Datum]	
	Geplanter Beginn der Ausführung [Datum]	
	Geplantes Ende der Ausführung [Datum]	
	Planmäßige Unterbrechung der Ausführung [Monate]	
	Veranschlagte Bauzeit [Monate] *– Eingabe für Honorarrechner erforderlich –*	

Check	Information	Angaben
	Anrechenbare Kosten nach DIN 276 (KGr 200 bis 500) netto [€] *– Eingabe für Honorarrechner erforderlich –*	
	Erwartete Anzahl der Auftragnehmer (einschließlich Nachunternehmer) in der Bauausführung	
	Erwartete Anzahl der auf der Baustelle tätigen Personen	
	Festlegung zur Vertragslaufzeit	
	Festlegung zum Turnus der Baustellenbegehungen	
	Festlegung zur Teilnahme an Planungs- und Baubesprechungen	
	...	

	2. Mitwirkungspflicht des Bauherrn
	Der Bauherr verpflichtet seine Planer bei der Planung der Ausführung seines Bauvorhabens, insbesondere bei der Einteilung der Arbeiten, die gleichzeitig oder nacheinander durchgeführt werden, und bei der Bemessung der Ausführungszeiten für diese Arbeiten, die Allgemeinen Grundsätze nach § 4 Ziffer 1 bis 5 des Arbeitsschutzgesetzes zu berücksichtigen (§ 2 Abs. 1 BaustellV).
	Der Bauherr übermittelt der zuständigen Behörde die Vorankündigung (§ 2 Abs. 2 BaustellV).
	Der Bauherr sorgt dafür, dass alle am Bau Beteiligten und seine eigenen Mitarbeiter, die für die Baustelle zuständig sind, über die Bestellung und die Leistungen des Koordinators unterrichtet sind, mit dem Koordinator zusammenarbeiten und ihn unterstützen.
	Der Bauherr als Auftraggeber vereinbart in den Verträgen mit seinen Auftragnehmern, dass die Hinweise des Koordinators und der SiGe-Plan von den Auftragnehmern zu berücksichtigen sind (§ 5 Abs. 1 Nr. 5 BaustellV).
	Der Bauherr verpflichtet seine Auftragnehmer, dass diese ihre eigenen Planungen, Konzepte, Anweisungen, Ergebnisse der Arbeitsvorbereitung, projektbezogene Gefährdungsbeurteilung und sonstige erforderlichen Dokumente für die Ausführung der Arbeiten im Baustellenbetrieb für die Belange des Arbeits- und Gesundheitsschutzes rechtzeitig vor Beginn der Arbeiten bereithalten und auf Nachfrage vorlegen. Dies ist die Voraussetzung für eine präventive Tätigkeit des Koordinators.
	Der Bauherr verpflichtet seine Vertreter, die in den Niederschriften des Auftragnehmers angeregten Optimierungsmaßnahmen hinsichtlich des Baubetriebes zu prüfen und ggf. eine wirtschaftliche Behebung zeitnah zu veranlassen.

	Der Bauherr sichert zu, dass dem Koordinator die Pläne und Leistungsverzeichnisse, der Bauablaufplan sowie die Angaben über die am Bau Beteiligten bereitgehalten werden.
	3. Bereitstellung von Unterlagen auf Veranlassung des Bauherrn
	Entwurfspläne
	Ausführungspläne
	Gutachten
	Leistungsbeschreibung und Leistungsverzeichnisse
	Bauablaufplan
	Baustelleneinrichtungsplan
	Unternehmerliste nach Gewerken mit Angabe der verantwortlichen Personen
	Protokolle der Bauoberleitung, Projektsteuerung und Bauüberwachung
	ggf. Ergebnisse der vorangegangen SiGe-Planung
	ggf. zu beachtende betriebliche Regelungen
	...

II. Aufgaben des Koordinators

				Zusätzliche Leistung		
Check	**Leistung**	**gemäß BaustellV o. RAB30**	**Regelleistung**	**Regelleistung im Bedarfsfall**	**Optionale Leistungen**	**Zusatzhonorar (netto) – bei Vergütung berücksichtigen –**
	1. Befugnisse, Qualifikation und Haftung des Koordinators					
	Übernahme der Funktion des Beauftragten Dritten (nach § 4 BaustellV)	O			X	
	Übernahme der Weisungsbefugnis in einem festzulegenden Umfang	O			X	
	Nachweis der Qualifikation des eingesetzten Personals	O	X			
	Nachweis der Haftpflichtversicherung mit festzulegenden Deckungssummen für relevante Schadensarten					

Check	Leistung	gemäß BaustellV o. RAB30	Regelleistung	Zusätzliche Leistung: Regelleistung im Bedarfsfall	Zusätzliche Leistung: Optionale Leistungen	Zusätzliche Leistung: Zusatzhonorar (netto) – bei Vergütung berücksichtigen –
	2. Leistungen der Koordinators bei der Planung der Ausführung					
	Koordinierung der Maßnahmen aus den allgemeinen Grundsätzen nach § 4 ArbSchG bei der Planung der Ausführung	o	x			
	Feststellen sicherheits- und gesundheitsschutzrelevanter Wechselwirkungen zwischen den Arbeiten der einzelnen Gewerke auf der Baustelle und anderen betrieblichen Tätigkeiten oder Einflüssen auf oder in der Nähe der Baustelle	o	x			
	Aufzeigen von Möglichkeiten zur Vermeidung von Sicherheits- und Gesundheitsrisiken	o	x			
	SiGe-Plan ausarbeiten oder ausarbeiten lassen	o	x			
	Beraten bei der Planung der Baustelleneinrichtung	o	x			
	Beraten bei der Planung bleibender sicherheitstechnischer Einrichtungen für mögliche spätere Arbeiten an der baulichen Anlage und Zusammenstellen der Unterlage mit den erforderlichen Angaben für die sichere und gesundheitsgerechte Durchführung dieser Arbeiten	o	x			
	Hinwirken auf das Berücksichtigen von Leistungen zu Sicherheit und Gesundheitsschutz in Ausschreibungen, Vergabe- und Bauvertragsunterlagen	o	x			
	Beraten bei der Terminplanung, insbesondere bei der Abstimmung von Bauausführungszeiten, um Gefahren, die durch ein zeitliches Nebeneinander hervorgerufen werden können, zu vermeiden	o	x			
	SiGe-Plan an den Planungsprozess anpassen, soweit dies erforderlich ist (analog § 3 Abs. 3 Nr. 3 BaustellV)	o		x		

Check	Leistung	gemäß BaustellV o. RAB30	Regelleistung	Zusätzliche Leistung: Regelleistung im Bedarfsfall	Zusätzliche Leistung: Optionale Leistungen	Zusätzliche Leistung: Zusatzhonorar (netto) – bei Vergütung berücksichtigen –
	Erstellen einer Baustellenordnung	o		x		
	Mitwirken beim Erstellen der Vorankündigung und deren Übermittlung an die nach Landesrecht zuständige Behörde	o		x		
	Analysieren der Vorplanung oder mehrerer Entwurfsplanungen und Feststellen von arbeitssicherheits- und gesundheitsschutzrelevanten Wechselwirkungen zwischen den Arbeiten der einzelnen Gewerke auf der Baustelle und anderen betrieblichen Tätigkeiten oder Einflüssen in der Nähe der Baustelle			x		
	Abstimmen beim Vorhandensein mehrerer Koordinatoren			x		
	Anpassen der Unterlage bei erheblichen Planungsänderungen			x		
	Mitwirken bei der Arbeitsgestaltung in besonderen Gefahrenlagen			x		
	Erstellen eines Baustelleneinrichtungsplans				x	
	Mitwirkung bei Erstellung der Baubeschreibung und Vergabeunterlagen				x	
	Mitwirken bei der Prüfung der Angebote und der Vergabe				x	
	Entwickeln von Konzepten und Organisieren von Maßnahmen zu Sicherheitsfragen im Sinne von Security				x	
	Beraten zu notwendigen verkehrssichernden Maßnahmen des Bauherrn oder der ausführenden Firmen (im Sinne von § 823 Abs. 1 BGB)				x	
	Beraten bei oder Erstellen von Verkehrslenkungsplänen				x	

Check	Leistung	gemäß BaustellV o. RAB30	Regelleistung	Zusätzliche Leistung: Regelleistung im Bedarfsfall	Zusätzliche Leistung: Optionale Leistungen	Zusätzliche Leistung: Zusatzhonorar (netto) – bei Vergütung berücksichtigen –
	Einholen von straßenverkehrsrechtlichen Anordnungen				X	
	Überprüfen von Angeboten in sicherheitstechnischer Hinsicht (z.B. bei Funktionalausschreibung, Alternativangeboten oder Sondervorschlägen)				X	
	Kostenanalysen zu technischen oder organisatorischen Maßnahmen für Arbeitssicherheit und Gesundheitsschutz				X	
	Beraten bei oder Erstellung einer Brandschutz-, Flucht- und Rettungswege-Planung und/oder Rettungskonzepts für die Ausführung der Arbeiten				X	
	3. Leistungen des Koordinators bei der Ausführung					
	Bekanntmachen, Anpassen und Fortschreiben des SiGe-Plans sowie Hinwirken auf seine Einhaltung und auf die Umsetzung der erforderlichen Arbeitsschutzmaßnahmen durch die beteiligten Unternehmen	O	X			
	Information und eingehende Erläuterung der Maßnahmen für Sicherheit und Gesundheitsschutz gegenüber allen Auftragnehmern (einschließlich der Nachunternehmer und der Unternehmer ohne Beschäftigte)	O	X			
	Organisieren des Zusammenwirkens der bauausführenden Unternehmen hinsichtlich Sicherheit und Gesundheitsschutz (vgl. § 3 Abs. 3 Nr. 4 BaustellV), z.B. durch Sicherheitsbesprechungen und -begehungen (in einem festzulegenden angemessenen Turnus) mit Dokumentation und Auswerten der Ergebnisse	O	X			

Check	Leistung	gemäß BaustellV o. RAB30	Regelleistung	Zusätzliche Leistung		
				Regelleistung im Bedarfsfall	Optionale Leistungen	Zusatzhonorar (netto) – bei Vergütung berücksichtigen –
	Koordinieren der Überwachung der ordnungsgemäßen Anwendung der Arbeitsverfahren durch die Arbeitgeber, z.B. durch Einfordern von Nachweisen (vgl. § 3 Abs. 3 Nr. 5 BaustellV)	o	x			
	Berücksichtigung sicherheits- und gesundheitsschutzrelevanter Wechselwirkungen zwischen Arbeiten auf der Baustelle und anderen betrieblichen Tätigkeiten oder Einflüssen auf oder in der Nähe der Baustelle	o	x			
	Koordinieren der Anwendung der allgemeinen Grundsätze nach § 4 ArbSchG	o	x			
	Aushängen und Anpassen der Vorankündigung	o		x		
	Hinwirken auf die Einhaltung einer Baustellenordnung und eines Baustelleneinrichtungsplanes (soweit diese vorhanden sind) hinsichtlich der Vermeidung gegenseitiger Gefährdungen	o		x		
	Bei getrennten Auftragnehmern für Planungs- und Ausführungsphase: Sichten und Einarbeiten in den SiGe-Plan und die Unterlagen aus der Planungsphase	o		x		
	Anpassen des SiGe-Plans bei erheblichen Änderungen der Planung, des Bauverfahrens oder Bauablaufs	o		x		
	Zusätzliche Koordinationsleistung bei Planungsänderungen, erheblichen Störungen des Bauablaufs oder Bauzeitenverlängerung	o		x		
	Einteilung der Arbeiten/Vorgabe Arbeitsabläufe				x	

Check	Leistung	gemäß BaustellV o. RAB30	Regelleistung	Zusätzliche Leistung: Regelleistung im Bedarfsfall	Zusätzliche Leistung: Optionale Leistungen	Zusätzliche Leistung: Zusatzhonorar (netto) – bei Vergütung berücksichtigen –
	Erfassen verbauter Materialien und eingesetzter Substanzen sowie deren aktueller Verarbeitungs-, Entsorgungs- und Warnhinweise, z.B. in Unterlage für spätere Arbeiten				x	
	Mitwirken bei formalen Arbeitsfreigaben				x	
	Regelmäßige Teilnahme an allgemeinen Bau-/ Projektbesprechungen				x	
	Anpassen der Unterlage bei Abweichung der Ausführung vom Planungsstand der Unterlage				x	

Legende: o = rechtliche Grundlage, x = zugeordnet

Leistungen, in BaustellV bzw. RAB 30 aufgeführt, sind mit „o" gekennzeichnet

Leistungen, die als Regelleistung durch den Koordinator zu erbringen sind, wenn er beauftragt wird (mit x gekennzeichnet)

Regelleistungen, die im Bedarfsfall durch den Koordinator zu erbringen sind, wenn die Projektbedingungen es erfordern (mit x gekennzeichnet)

Leistungen, die über das Leistungsbild des Koordinators hinausgehen, die aber fachlich durch den SiGe-Koordinator (über Zusatzauftrag) bearbeitet werden können (mit x gekennzeichnet)

III. Vergütung

Check	Position/Einheit		Honorar
	1. Honorarrechner nach AHO-Heft 15		
	Randbedingungen aus Projektangaben des Bauherrn		
	Bauzeit [Monate]		
	Anrechenbare Kosten nach DIN 276 (KGr 200 bis 500) netto [€]		
	Honorarberechnung		
1	Honorar für die Planungsphase [€]		
2	Honorar für die Ausführungsphase [€]		
3	**Grundhonorar nach Berechnungsformel**		Ergebnis nach Formel
4	Zuschlag für Umbau oder Sanierungsmaßnahmen [%]		
5	Honorar für Regelleistungen im Bedarfsfall [€]		Summe Zusatzhonorar
6	Honorar für Optionale Leistungen [€]		
7	Nebenkosten (bezogen auf 3, 5, 6)		
8	Sonstiges		
	Gesamthonorar (netto) [€]		
	Umsatzsteuer [%]		
	Gesamthonorar (brutto) [€]		
	2. Weitere oder abweichende Festlegungen über Honorare und Zahlungen		
	Honorar für die Planungsphase [€], evtl. aufgeschlüsselt nach • Beratungsleistungen • Unterlage • SiGe-Plan		
	Honorar für Regelleistungen im Bedarfsfall [€]		
	Honorar für Optionale Leistungen [€]		
	Zuschlag für Umbau oder Sanierungsmaßnahmen [%]		
	Honorar auf Zeitnachweis [h*Verrechnungssatz]		
	Zuschläge zum Honorar auf Zeitnachweis [%]		
	Nebenkosten prozentual oder pauschal		
	Umsatzsteuer		
	Termine für Teil- oder Abschlagszahlungen		
	Schlusszahlung		
	Zahlungsziel (Frist, evtl. Skonto)		

	Weitere Zahlungsbedingungen	
	Vergütungsregelung für Bauzeitverlängerung	
	Vergütungsregelung für zusätzliche Leistungen	
	Vergütungsregelung bei vorzeitiger Beendigung des Vertrags	

6 Literatur- und Quellenverzeichnis

Gesetze und Verordnungen

Bürgerliches Gesetzbuch (BGB) v. 18.8.1896, zuletzt geändert am 21.12.2021

Gesetz über die Durchführung von Maßnahmen des Arbeitsschutzes zur Verbesserung der Sicherheit und des Gesundheitsschutzes der Beschäftigten bei der Arbeit (Arbeitsschutzgesetz – ArbSchG) v. 7.8.1996, zuletzt geändert am 22.11.2021

Umsatzsteuergesetz (UStG) v. 26.11.1979, zuletzt geändert am 21.12.2021

Verordnung über die Honorare für Architekten- und Ingenieurleistungen (Honorarordnung für Architekten und Ingenieure – HOAI) v. 2.12.2020, BGBl. I, Nr. 58

Verordnung über Sicherheit und Gesundheitsschutz auf Baustellen (Baustellenverordnung – BaustellV) v. 10.6.1998, zuletzt geändert am 27.6.2017

Normen und Regeln

ASR A1.8. Verkehrswege. Ausgabe: November 2012. Berlin: Bundesanstalt für Arbeitsschutz und Arbeitsmedizin, Ausschuss für Arbeitsstätten, 2012, zuletzt geändert: GMBl 2018, S. 473

ASR A2.2. Maßnahmen gegen Brände. Ausgabe: Mai 2018. Berlin: Bundesanstalt für Arbeitsschutz und Arbeitsmedizin, Ausschuss für Arbeitsstätten, 2018, GMBl 2018, S. 446

ASR A2.3. Fluchtwege und Notausgänge, Flucht- und Rettungsplan. Ausgabe: August 2007. Berlin: Bundesanstalt für Arbeitsschutz und Arbeitsmedizin, Ausschuss für Arbeitsstätten, 2007, zuletzt geändert: GMBl 2017, S. 8

ASR A5.2. Anforderungen an Arbeitsplätze und Verkehrswege auf Baustellen im Grenzbereich zum Straßenverkehr – Straßenbaustellen. Ausgabe: Dezember 2018. Berlin: Bundesanstalt für Arbeitsschutz und Arbeitsmedizin, Ausschuss für Arbeitsstätten, 2018, GMBl 2018, S. 1160

DIN 276:2018-12 Kosten im Bauwesen

RAB 10. Begriffsbestimmungen (Konkretisierung von Begriffen der BaustellV). Stand: 12.11.2003. Berlin: Bundesanstalt für Arbeitsschutz und Arbeitsmedizin, Ausschuss für Sicherheit und Gesundheitsschutz auf Baustellen (ASGB), 2003, BArbBl. 3/2004, S. 42 ff.

RAB 30. Geeigneter Koordinator (Konkretisierung zu § 3 BaustellV). Stand: 27.3.2003. Berlin: Bundesanstalt für Arbeitsschutz und Arbeitsmedizin, Ausschuss für Sicherheit und Gesundheitsschutz auf Baustellen (ASGB), 2003, BArbBl. 6/2003, S. 64 ff.

RAB 31. Sicherheits- und Gesundheitsschutzplan – SiGePlan. Stand: 12.11.2003. Berlin: Bundesanstalt für Arbeitsschutz und Arbeitsmedizin, Ausschuss für Sicherheit und Gesundheitsschutz auf Baustellen (ASGB), 2003, BArbBl. 3/2004, S. 59 ff.

RAB 32. Unterlage für spätere Arbeiten (Konkretisierung zu § 3 Abs. 2 Nr. 3 BaustellV). Stand: 27.3.2003. Berlin: Bundesanstalt für Arbeitsschutz und Arbeitsmedizin, Ausschuss für Sicherheit und Gesundheitsschutz auf Baustellen (ASGB), 2003, BArbBl. 6/2003, S. 73 ff.

RAB 33. Allgemeine Grundsätze nach § 4 des Arbeitsschutzgesetzes bei Anwendung der Baustellenverordnung. Stand: 12.11.2003. Berlin: Bundesanstalt für Arbeitsschutz und Arbeitsmedizin, Ausschuss für Sicherheit und Gesundheitsschutz auf Baustellen (ASGB), 2003, BArbBl. 3/2004, S. 65 ff.

Literatur

Kring, Friedhelm/Follmann, F. Josef/Meyer, Guido/Dudek, Thomas: Praxis-Handbuch SiGe-Ko, Hrsg.: Verband der Sicherheits- und Gesundheitsschutzkoordinatoren Deutschlands (VSGK) e.V., Verlagsgesellschaft Rudolf Müller, 2020

Anhang: Begriffe und Herleitung der Vergütungsempfehlung

1 Anrechenbare Kosten

1.1 Grundlagen der Kostenermittlung

Die Erfahrung mit dem Umgang der Baustellenverordnung seit ihrem Inkrafttreten im Jahre 1998 hat gezeigt, dass mit der Höhe der Baukosten in der Regel auch der Aufwand für Leistungen nach der BaustellV steigt.

Daher bilden neben der Bauzeit auch die anrechenbaren Kosten den wesentlichen Eingangsparameter für die Honorarformel und die daraus abgeleitete Honorartabelle. Nachfolgend erfolgt eine Definition der anzuwendenden anrechenbaren Kosten bei der Nutzung der Honorarformel, in Analogie zur Verordnung über die Honorare für Architekten- und Ingenieurleistungen (HOAI).

Relevant werden hier die Kosten von Gebäuden, raumbildenden Ausbauten, Freianlagen, Ingenieurbauwerken und Verkehrsanlagen (einschließlich der jeweils dazugehörigen Tragwerke und technischer Ausrüstung).

Grundlage für die Ermittlung der anrechenbaren Kosten ist die DIN 276 – Kosten im Bauwesen.

Als anrechenbare Kosten werden die Kostengruppen 200, 300, 400 und 500 herangezogen.

Voraussetzung für die Aufstellung der Kostenermittlung nach DIN 276 ist die Verwendung ortsüblicher Preise zum geplanten Zeitpunkt der Fertigstellung der Baumaßnahme. Übernimmt der Bauherr selbst Lieferungen oder Bauleistungen, oder erhält er nicht übliche Vergünstigungen oder werden vorhandene Baustoffe wiederverwendet, dürfen hierfür jeweils ortsübliche Kosten als anrechenbar angesetzt werden. Der Auftraggeber hat das Ergebnis der Kostenermittlung vor Angebotsabgabe verbindlich mitzuteilen.

1.2 Kostengruppen Hochbau und Ingenieurbau

Nach Baustellenverordnung relevante Kostengruppen gemäß DIN 276 sind in der folgenden Tabelle dargestellt.

1. Ebene	Kostengruppe	2. Ebene	Gewerk
200	Herrichten und Erschließen	210 220 230 240 250	Herrichten Öffentliche Erschließung Nichtöffentliche Erschließung Ausgleichsmaßnahmen und -abgaben Übergangsmaßnahmen
300	Bauwerk – Baukonstruktionen	310 320 330 340 350 360 370 380 390	Baugrube Gründung, Unterbau Außenwände/Vertikale Baukonstruktionen, außen Innenwände/Vertikale Baukonstruktionen, innen Decken/Horizontale Baukonstruktionen Dächer Infrastrukturanlagen Baukonstruktive Einbauten Sonstige Maßnahmen für Baukonstruktionen
400	Bauwerk – Technische Anlagen	410 420 430 440 450 460 470 480 490	Abwasser-, Wasser-, Gasanlagen Wärmeversorgungsanlagen Raumlufttechnische Anlagen Elektrische Anlagen Kommunikations-, sicherheits- und informationstechnische Anlagen Förderanlagen Nutzungsspezifische und verfahrenstechnische Anlagen Gebäude- und Anlagenautomation Sonstige Maßnahmen für technische Anlagen

1. Ebene	Kostengruppe	2. Ebene	Gewerk
500	Außenanlagen und Freiflächen		
		510	Erdbau
		520	Gründung, Unterbau
		530	Oberbau, Deckschichten
		540	Baukonstruktionen
		550	Technische Anlagen
		560	Einbauten in Außenanlagen und Freiflächen
		570	Vegetationsflächen
		580	Wasserflächen
		590	Sonstige Maßnahmen für Außenanlagen und Freiflächen

Kostengruppen nach DIN 276 (2018-12)

1.3 Verbindlichkeit der Kostenermittlung in Abhängigkeit der erbrachten Leistungsphase

Das in „Leistungen während der Planung der Ausführung" und „Leistungen während der Ausführung" gegliederte Spektrum der Tätigkeiten nach der Baustellenverordnung macht es erforderlich, die Baukostenermittlung dem Fortschreiten der Baumaßnahme anzupassen.

Für die Planung der Ausführung sind die Kosten auf der Grundlage der nach DIN 276 anrechenbaren Baukosten nach der Summe der geprüften Submissionsergebnisse (Angebote ohne Umsatzsteuer) aller voraussichtlichen im Verlauf der Baumaßnahme zu berücksichtigenden Gewerke zu ermitteln bzw. als endgültige Honorargrundlage des Planungsteils zu verwenden. Vertraglich kann geregelt werden, ob bis zum Vorliegen der geprüften Angebote Kostenschätzungen oder vergleichbare Ermittlungen herangezogen werden dürfen (jeweils ohne Umsatzsteuer).

Für die Ausführung sind die Kosten auf der Grundlage der nach DIN 276 anrechenbaren Baukosten nach der Summe der geprüften Kostenfeststellungen (Schlussrechnungen) aller im Verlauf der Baumaßnahme ausgeführten, zu berücksichtigenden Gewerke zu ermitteln bzw. als endgültige Honorargrundlage zu verwenden. Vertraglich kann geregelt werden, ob bis zum Vorliegen der geprüften Schlussrechnungen Auftragssummen oder vergleichbare Ermittlungen herangezogen werden dürfen (jeweils ohne Umsatzsteuer).

2 Berechnungsformel zur Honorierung der Regelleistungen

Die Grundlage für die Berechnung des Honorars für Leistungen nach der BaustellV ist die nachfolgend dargestellte Honorarberechnungsformel.

Diese Formel basiert auf den Erfahrungen und den gewonnenen Erkenntnissen aus den nunmehr zwei Honorarumfragen der Fachkommission Baustellenverordnung des AHO.

Eine der wesentlichen Erkenntnisse der letzten Umfrage, die sich in der Berechnungsformel widerspiegelt, ist, dass es einen Honoraranteil gibt, der nicht mehr von dem Umfang und der Komplexität des Bauvorhabens, welche sich näherungsweise in den anrechenbaren Kosten abbilden lässt, sondern ganz wesentlich auch von der Bauzeit abhängt.

Die Abhängigkeit des Aufwands des Koordinators von der Bauzeit betrifft nur sehr geringfügig die Planungsphase, stark jedoch die Ausführungsphase.

Aufgrund dieser Honorarauswertungsergebnisse hat sich die zweigeteilte Berechnungsformel für die Ermittlung des empfohlenen Honorars bei Erbringung von Regelleistungen nach BaustellV ergeben.

Im ersten Teil der Formel wird der Aufwand berücksichtigt, der für die Leistungen des Koordinators in der Planungsphase entsteht. Dieser Honoraranteil ist von den anrechenbaren Kosten, also der Komplexität und dem Umfang der Bauleistungen, abhängig.

Im zweiten Teil der Formel wird der Aufwand berücksichtigt, der für die Leistungen des Koordinators in der Ausführungsphase entsteht. Diese sind sowohl von den anrechenbaren Kosten als auch im Besonderen von der Bauzeit abhängig.

Die Honorarberechnungsformel lautet:

$$\text{Honorar}_{\text{gesamt}} = \text{Honorar}_{\text{Planung}} + \text{Honorar}_{\text{Ausführung}}$$

$$\text{Honorar}_{\text{gesamt}} = 4{,}045 \times AK^{0{,}4282} + (460 + (0{,}001 \times AK/BZ)) \times BZ$$

Hierbei sind:

AK die anrechenbaren Baukosten gemäß Kapitel 1 dieses Anhangs, in Euro

BZ: die Bauzeit bzw. die geplante Bauzeit des Bauvorhabens, während der eine Koordinierung nach BaustellV stattfindet, in Monaten

Durch die Anwendung der o.g. Formel werden Honorare aus einer Ex-post-Betrachtung auf die Vergütung aktueller oder zukünftiger Leistungen übertragen. Dabei ist zu beachten, dass dieses Verfahren

- auf der Auswertung von Erfahrungswerten von Bauvorhaben mit Bauzeiten von drei bis 48 Monaten und anrechenbaren Kosten von 50.000 bis 10 Mio. € beruht;
- sich wegen der rückschauenden Betrachtung nicht auf ein nicht klar abgegrenztes Leistungsbild bezieht;
- einen Begehungsturnus von zwei bis drei Terminen im Monat berücksichtigt, der möglicherweise nicht den Projektbedürfnissen entspricht und
- die Bürokostenstruktur nur allgemein berücksichtigt wird und deshalb die Kenntnis und Berücksichtigung der eigenen Kosten (vgl. Kapitel 4 dieses Anhangs) zu beachten ist.

3 Honorartabelle

Die folgende Honorartabelle stellt das Ergebnis aus der Anwendung der Honorarformel (Kapitel 2 dieses Anhangs) dar. Die darin angegebenen Vergütungsempfehlungen beziehen sich ausschließlich auf die Regelleistungen. Alle Optionalen Leistungen – auch jene, die im Bedarfsfall zur Erfüllung der Baustellenverordnung erforderlich werden (Regelleistungen im Bedarfsfall) – sind hierin nicht berücksichtigt und daher zusätzlich zu vergüten. Insofern stellen die angegebenen Werte lediglich das Mindesthonorar dar.

anrechenbare Kosten (€)	**Bauzeit (Monate)**	**Bauzeit (Monate)**	**Bauzeit (Monate)**	**Bauzeit (Monate)**	**Bauzeit (Monate)**	**Bauzeit (Monate)**	**Bauzeit (Monate)**	**Bauzeit (Monate)**
	3	**6**	**9**	**12**	**18**	**24**	**36**	**48**
50.000 €	1.849 €	3.229 €	4.609 €	5.989 €	8.749 €	11.509 €	17.029 €	22.549 €
100.000 €	2.045 €	3.425 €	4.805 €	6.185 €	8.945 €	11.705 €	17.225 €	22.745 €
200.000 €	2.341 €	3.721 €	5.101 €	6.481 €	9.241 €	12.001 €	17.521 €	23.041 €
300.000 €	2.586 €	3.966 €	5.346 €	6.726 €	9.486 €	12.246 €	17.766 €	23.286 €
400.000 €	2.806 €	4.186 €	5.566 €	6.946 €	9.706 €	12.466 €	17.986 €	23.506 €
500.000 €	3.009 €	4.389 €	5.769 €	7.149 €	9.909 €	12.669 €	18.189 €	23.709 €
600.000 €	3.201 €	4.581 €	5.961 €	7.341 €	10.101 €	12.861 €	18.381 €	23.901 €
700.000 €	3.385 €	4.765 €	6.145 €	7.525 €	10.285 €	13.045 €	18.565 €	24.085 €
800.000 €	3.562 €	4.942 €	6.322 €	7.702 €	10.462 €	13.222 €	18.742 €	24.262 €
900.000 €	3.733 €	5.113 €	6.493 €	7.873 €	10.633 €	13.393 €	18.913 €	24.433 €
1.000.000 €	3.901 €	5.281 €	6.661 €	8.041 €	10.801 €	13.561 €	19.081 €	24.601 €
1.500.000 €	4.690 €	6.070 €	7.450 €	8.830 €	11.590 €	14.350 €	19.870 €	25.390 €
2.000.000 €	5.429 €	6.809 €	8.189 €	9.569 €	12.329 €	15.089 €	20.609 €	26.129 €
2.500.000 €	6.135 €	7.515 €	8.895 €	10.275 €	13.035 €	15.795 €	21.315 €	26.835 €
3.000.000 €	6.819 €	8.199 €	9.579 €	10.959 €	13.719 €	16.479 €	21.999 €	27.519 €
4.000.000 €	8.140 €	9.520 €	10.900 €	12.280 €	15.040 €	17.800 €	23.320 €	28.840 €
5.000.000 €	9.418 €	10.798 €	12.178 €	13.558 €	16.318 €	19.078 €	24.598 €	30.118 €
6.000.000 €	10.666 €	12.046 €	13.426 €	14.806 €	17.566 €	20.326 €	25.846 €	31.366 €
7.000.000 €	11.891 €	13.271 €	14.651 €	16.031 €	18.791 €	21.551 €	27.071 €	32.591 €
8.000.000 €	13.099 €	14.479 €	15.859 €	17.239 €	19.999 €	22.759 €	28.279 €	33.799 €
9.000.000 €	14.292 €	15.672 €	17.052 €	18.432 €	21.192 €	23.952 €	29.472 €	34.992 €
10.000.000 €	15.473 €	16.853 €	18.233 €	19.613 €	22.373 €	25.133 €	30.653 €	36.173 €

4 Ermittlung von Verrechnungssätzen für die Vergütung Optionaler Leistungen

Grundlage jeder Kalkulation sollte sein, dass für das jeweilige Angebot die Kosten vollständig erfasst und bei der Preisbildung auch die zukünftige Kostenentwicklung berücksichtigt wird. Bei den baukostenorientierten Ansätzen fließt der Baupreisindex indirekt mit ein.

4.1 Ermittlungsmethoden

Bei der Ermittlung des Verrechnungssatzes der für die geplante Leistung vorgesehen Personen sind die Gesamtkosten des Büros zu berücksichtigen, da über die verrechneten Einsatzzeiten eine auskömmliche Vergütung erzielt werden muss.

Sofern sie jedoch vor ihrer Erbringung nicht kalkulierbar und damit nicht pauschalierbar sind bzw. durch unvorhersehbare Umstände „ad hoc" zu erbringen sind, ist ihre Vergütung als Zeithonorar festzulegen. In jedem Fall besteht für beide Vertragsparteien die Pflicht, für Zeithonorarleistungen angemessene Stundensätze zu vereinbaren.

Für die Bemessung von Stundensätzen ist der AHO-Stundensatzrechner (siehe Kapitel 4.2) zu beachten.

4.2 Ermittlung gemäß AHO-Stundensatzrechner

Der AHO verschafft sich jährlich im Zuge der Umfrage „Wirtschaftliche Lage der Ingenieure und Architekten" einen Überblick über die aktuelle Ertragssituation. In dieser Umfrage werden auch die Gemeinkostenfaktoren nach Bürogrößen geordnet ermittelt. Mithilfe des Gemeinkostenfaktors kann der Bürostundensatz berechnet werden. Der AHO stellt auf seiner Website (www.aho.de) einen Stundensatzrechner zur Verfügung. Dieser ermöglicht auch die mitarbeiterbezogene Berechnung des Bürostundensatzes mit den Daten des eigenen Büros.

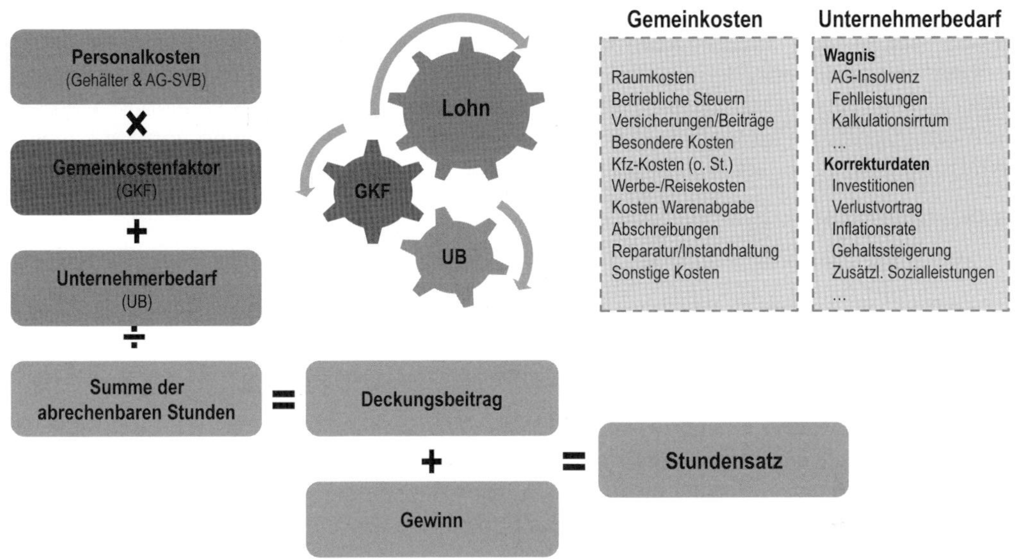

Abbildung 2: Ermittlung des Bürostundensatzes mithilfe des Gemeinkostenfaktors[3]

Der Bürostundensatz ermittelt sich mithilfe des Gemeinkostenfaktors wie folgt:

$$\frac{\text{(Bruttojahresgehalt des Mitarbeiters in € / 12 (Monate)) * Gemeinkostenfaktor (nach Bürogröße)}}{\text{135 h (pro Monat; bei 39 Arbeitsstunden pro Woche)}}$$

Wagnis und Gewinn sind nicht enthalten.

Das nachfolgende Beispiel soll die Berechnung des Bürostundensatzes mithilfe des Gemeinkostenfaktors verdeutlichen.

Beispielberechnung des Bürostundensatzes

Es werden dabei das durchschnittliche Jahresbruttogehalt eines Ingenieurs mit über zehn Jahren Berufserfahrung (63.857 €) sowie der Gemeinkostenfaktor in Büros mit zwischen 50 und 100 tätigen Personen (2,99) zugrunde gelegt.

$$\frac{(63.857\,€ / 12 * 2{,}99)}{135\ \text{h}} = 117{,}86\ €/\text{h}$$

Werden 10 % Unternehmerbedarf/Wagnis und 5 % Gewinn berücksichtigt, erhöht sich der Gemeinkostenfaktor auf 3,44. Dies ergibt sich wie folgt: 2,99 * (1 + 0,1 + 0,05) = 3,44.

$$\frac{(63.857\,€ / 12 * 3{,}44)}{135\ \text{h}} = 135{,}60\ €/\text{h}$$

3 Quelle der Abbildung: Reimers, Ermittlung des Stundensatzes auf Basis der Umfrage zur wirtschaftlichen Lage der Ingenieure und Architekten, 2020, Folie 2.3.10d.

5 Nebenkosten

Die bei der Ausführung des Auftrags entstehenden Nebenkosten des Auftragnehmers können, soweit sie erforderlich sind, abzüglich der nach § 15 Abs. 1 des Umsatzsteuergesetzes abziehbaren Vorsteuern neben den vereinbarten Honoraren vereinbart werden. Die Vertragsparteien können in Textform vereinbaren, dass abweichend von Satz 1 eine Erstattung ganz oder teilweise ausgeschlossen ist.

Zu den Nebenkosten gehören insbesondere:

- Versandkosten, Kosten für Datenübertragungen;
- Kosten für Vervielfältigungen von Zeichnungen und schriftlichen Unterlagen sowie Anfertigung von Filmen und Fotos;
- Kosten für ein Baustellenbüro einschließlich der Einrichtung, Beleuchtung und Beheizung;
- Fahrtkosten für Reisen, die über einen Umkreis von 15 Kilometern um den Geschäftssitz des Auftragnehmers hinausgehen, in Höhe der steuerlich zulässigen Pauschalsätze, sofern nicht höhere Aufwendungen nachgewiesen werden;
- Trennungsentschädigungen und Kosten für Familienheimfahrten nach den steuerlich zulässigen Pauschalsätzen, sofern nicht höhere Aufwendungen an Mitarbeiter des Auftragnehmers aufgrund von tariflichen Vereinbarungen bezahlt werden;
- Entschädigungen für den sonstigen Aufwand bei längeren Reisen, sofern die Entschädigungen vor der Geschäftsreise schriftlich vereinbart worden sind;
- Entgelte für nicht dem Auftragnehmer obliegende Leistungen, die von ihm im Einvernehmen mit dem Auftraggeber Dritten übertragen worden sind.

Nebenkosten können pauschal, prozentual in Abhängigkeit vom Honorar oder auf Einzelnachweis vereinbart werden. Sie sind auf Einzelnachweis abzurechnen, sofern keine pauschale Abrechnung in Textform vereinbart worden ist.

Ausschuss der Verbände und Kammern
der Ingenieure und Architekten
für die Honorarordnung e.V.

Der AHO – Tradition und gewachsene Kompetenz

Der AHO Ausschuss der Verbände und Kammern der Ingenieure und Architekten für die Honorarordnung e.V. ist der Zusammenschluss maßgeblicher Ingenieurverbände, der Länderingenieurkammern Deutschlands und einiger Architektenkammern und -verbände. Als Fachverband wahrt und vertritt er die Honorar- und Wettbewerbsinteressen von Ingenieuren und Architekten.

Die Facharbeit des AHO wird in themenbezogen zusammengestellten Arbeitsgremien von hochqualifizierten Ingenieuren und Architekten ehrenamtlich geleistet. Im Mittelpunkt stehen die Diskussionen von Grundsatzfragen zum Honorar- und Wettbewerbsrecht, die Weiterentwicklung der bestehenden Leistungsbilder der Verordnung über die Honorare für Architekten- und Ingenieurleistungen (Honorarordnung für Architekten und Ingenieure – HOAI) sowie die Erarbeitung neuer Leistungsbilder. Beratungsergebnisse aus den einzelnen Arbeitsgremien werden in der Schriftenreihe des AHO als Praxishilfe für Auftragnehmer und Auftraggeber veröffentlicht.

Ausschuss der Verbände und Kammern der Ingenieure und Architekten für die Honorarordnung e.V.

Mitgliedsorganisationen im AHO

Verbände

abv Arbeitskreis Beratende Ingenieure – Vermessung – im BDB Baden-Württemberg

BAB Berufsverband freischaffender Architekten und Bauingenieure e.V.

BDB Bund Deutscher Baumeister, Architekten und Ingenieure e.V.

BDG Berufsverband Deutscher Geowissenschaftler e.V.

BDK Bundesverband Deutscher Baukoordinatoren e.V.

BDVI Bund der Öffentlich bestellten Vermessungsingenieure e.V.

BVPI Bundesvereinigung der Prüfingenieure für Bautechnik e.V.

BVS Bundesverband öffentlich bestellter und vereidigter sowie qualifizierter Sachverständiger e.V.

DVP Deutscher Verband für Projektmanagement in der Bau- und Immobilienwirtschaft e.V.

IGVB Ingenieurverband Geoinformation und Vermessung Bayern e.V.

UBF Unabhängige Berater für Fassadentechnik e.V.

VBI Verband Beratender Ingenieure

VDI Verein Deutscher Ingenieure e.V.

VDV Verband Deutscher Vermessungsingenieure e.V.

VIV Verband der Ingenieurbüros für Verkehrstechnik e.V.

V.S.G.K. Verband der Sicherheits- und Gesundheitsschutzkoordinatoren Deutschlands e.V.

Kammern

Architektenkammer Baden-Württemberg

Architektenkammer der Freien Hansestadt Bremen

Architektenkammer Sachsen

Architektenkammer Thüringen

Architekten- und Ingenieurkammer Schleswig-Holstein

Architekten- und Stadtplanerkammer Hessen

Baukammer Berlin

Bayerische Architektenkammer

Bayerische Ingenieurekammer-Bau

Brandenburgische Ingenieurkammer

Hamburgische Ingenieurkammer-Bau

Ingenieurkammer Baden-Württemberg

Ingenieurkammer-Bau Nordrhein-Westfalen

Ingenieurkammer der Freien Hansestadt Bremen

Ingenieurkammer des Saarlandes

Ingenieurkammer Hessen

Ingenieurkammer Mecklenburg-Vorpommern

Ingenieurkammer Niedersachsen

Ingenieurkammer Rheinland-Pfalz

Ingenieurkammer Sachsen

Ingenieurkammer Sachsen-Anhalt

Ingenieurkammer Thüringen

Außerordentliche Mitglieder

BDA Bund Deutscher Architektinnen und Architekten

bdia bund deutscher innenarchitekten e.V.

bdla Bund Deutscher Landschaftsarchitekten

SRL Vereinigung für Stadt-, Regional- und Landesplanung e.V.

VFA Vereinigung Freischaffender Architekten Deutschlands e.V.

Ausschuss der Verbände und Kammern
der Ingenieure und Architekten
für die Honorarordnung e.V.

Veröffentlichungen in der Schriftenreihe des AHO

Alle Hefte der AHO-Schriftenreihe verstehen sich als unverbindliche Praxishilfen und dienen zur Honorarorientierung.

Die bisher erschienenen Hefte können – sofern nichts anderes angegeben ist – beim AHO direkt bezogen werden. Ihre Bestellung können Sie online unter www.aho.de/schriftenreihe oder per E-Mail unter schriftenreihe@aho.de aufgeben.

Alle Hefte werden kartoniert im Format 16,5 x 24,4 cm veröffentlicht. Alle angegebenen Preise sind Bruttopreise inkl. gesetzl. MwSt. zzgl. Versandkosten.

Nr. 1 **HOAI – Planen und Bauen im Bestand
Arbeitshilfen zur Bestimmung der anrechenbaren Kosten aus mitzuverarbeitender Bausubstanz und des Zuschlags für Umbauten und Modernisierungen**
ISBN 978-3-8462-0990-5, 2., vollständig überarbeitete und erweiterte Auflage 2018, 200 Seiten, 32,80 €

Nr. 2 **Örtliche Bauüberwachung bei Ingenieurbauwerken und Verkehrsanlagen – Leistungsbild und Honorierung**
ISBN 978-3-8462-0431-3, 2014, 36 Seiten, 14,80 €

Nr. 3 **HOAI – Besondere Leistungen bei der Tragwerksplanung und Erläuterungen zu den Grundleistungen** – Besondere Leistungen zur HOAI 2021 Teil 4 Abschnitt 1, § 51 mit Anlage 14
ISBN 978-3-8462-1355-1, 6., vollständig überarbeitete und erweiterte Auflage 2021, 112 Seiten, 32,80 €

Nr. 4 **HOAI – Besondere Leistungen bei der Planung von Objekten der Wasser- und Abfallwirtschaft nach Teil 3 Abschnitt 3, § 41 HOAI 2013**
ISBN 978-3-8462-0824-3, 3. vollständig überarbeitete Auflage 2017, 52 Seiten, 16,80 €

Nr. 5 **HOAI – Verkehrsplanerische Leistungen – Leistungsbeschreibung mit Honorarvorschlag**
ISBN 978-3-8462-0768-0, 2. vollständig überarbeitete Auflage 2018, 80 Seiten, 24,80 €

Nr. 6 **HOAI – Besondere Leistungen bei der Planung von Anlagen der Technischen Ausrüstung nach Teil 4 Abschnitt 2, Anlage 15, Nr. 15.1 HOAI 2013**
ISBN 978-3-8462-0317-0, 3. vollständig überarbeitete Auflage 2014, 64 Seiten, 14,80 €

Nr. 7 **HOAI – Besondere Leistungen bei der Planung von Ingenieurbauwerken nach Teil 3 Abschnitt 3, § 41 Nr. 6 (konstruktive Ingenieurbauwerke für Verkehrsanlagen) und Nr. 7 (sonstige Einzelbauwerke, ausgenommen Gebäude und Freileitungsmaste) HOAI 2013**
ISBN 978-3-8462-0436-8, 2. vollständig überarbeitete Auflage 2015, 52 Seiten, 14,80 €

Ausschuss der Verbände und Kammern
der Ingenieure und Architekten
für die Honorarordnung e.V.

Nr. 8 **Untersuchungen zum Leistungsbild und zur Honorierung für den Planungsbereich „Altlasten"**
ISBN 978-3-89817-914-0, 2. vollständig überarbeitete Auflage 2010, 76 Seiten, 21,80 €

Nr. 9 **Projektmanagement in der Bau- und Immobilienwirtschaft – Standards für Leistungen und Vergütung**
ISBN 978-3-8462-1120-5, 5., vollständig überarbeitete und erweiterte Auflage 2020, 246 Seiten, 41,80 €

Nr. 10 **GIS-Dienstleistungen, Teil A: Leistungsphasen nach GIS-Basissystemen**
ISBN 978-3-8462-0889-2, 2017, 32 Seiten, 16,80 €

Nr. 11 **Leistungen Building Information Modeling – Die BIM-Methode im Planungsprozess der HOAI**
ISBN 978-3-8462-1002-4, 2019, 80 Seiten, 24,80 €

Nr. 12 **HOAI – Arbeitshilfen zur Vereinbarung von Ingenieurverträgen für die Bearbeitung von Generalentwässerungsplänen (GEP)**
ISBN 978-3-8462-0437-5, 2. vollständig überarbeitete und erweiterte Auflage 2014, 64 Seiten, 14,80 €

Nr. 13 **HVA F-StB – Handbuch für die Vergabe und Ausführung von freiberuflichen Leistungen im Straßen- und Brückenbau –, Stand April 2019 mit Teilausgabe April und Juli 2019 – Entwurf zur Fortschreibung des HVA F-StB, Ausgabe 2021 – Benutzerhinweise des AHO**
ISBN 978-3-8462-1368-1, 2., vollständig überarbeitete Auflage 2021, 144 Seiten, 32,80 €

Nr. 14 **HOAI – Tafelfortschreibung Erweiterte Honorartabellen (§§ 20.1, 21.1, 28.1, 29.1, 30.1, 31.1, 32.1, 35.1, 40.1, 44.1, 48.1, 52.1, 56.1, Anlage 1, Nr. 1.1 und 1.2)**
ISBN 978-3-8462-0710-9, 3. vollständig überarbeitete und erweiterte Auflage 2016, 60 Seiten, 21,80 €

Nr. 15 **Leistungen nach der Baustellenverordnung – Leistungsbild und Honorierung**
ISBN 978-3-8462-1401-5, 3., vollständig überarbeitete Auflage 2022, 60 Seiten, 16,80 €

Nr. 16 **Untersuchungen zum Leistungsbild und zur Honorierung für das Facility Management Consulting**
ISBN 978-3-89817-841-9, 4. vollständig überarbeitete und erweiterte Auflage 2010, 128 Seiten, 28,80 €

Nr. 17 **Leistungen für Brandschutz – Leistungsbild und Honorierung**
ISBN 978-3-8462-0540-2, 3. vollständig überarbeitete Auflage 2015, 64 Seiten, 14,80 €

Nr. 18 **Planungsbereich „Baufeldfreimachung / Rückbau" – Leistungsbild und Honorierung**
ISBN 978-3-8462-0234-0, 2. vollständig überarbeitete Auflage 2014, 64 Seiten, 14,80 €